あなたの悩みは一瞬で消せる

人、事、物、明日を変える心のハンドルの握り方

心の学校学長
佐藤康行

アイジーエー出版

※本書は二〇〇二年五月にハギジン出版より刊行された『あなたの悩みは一瞬で消せる』を一部修正・編集したものです。

新装版に寄せて――佐藤康行

私はこれまで多くの方の「悩み」に答えてきました。悩みとは一体何か。その正体、そして解決策に焦点を当てたのが、二〇〇二年に刊行された本書です。以来、この本は多くの方に読まれ、そして私のもとを訪れる方が増えました。

私は、かれこれ三十年にわたり、「本当の自分」＝「真我」にたった二日間で目覚めることができる「真我開発講座」を世界で開催してきました。受講された延べ十一万人もの方々が、そのたった二日間で劇的に変化され、その後本当に幸せになっていく姿を見ています。その「真我開発講座」や私の講演会の中で、私に直接寄せられた質問に答えたものが、本書にはまとめられています。実際の質疑のように答えを話すように本書には綴っていますので、あなたも本当の自分に出会うべく「真我開発講座」や講演会に参加された気持ちで私の答えを聞くように読んでみてください。一瞬で悩みが消えていくことでしょう。

なぜ一瞬で悩みが消せるのか?

——まえがきに代えて

私は若い頃、コンプレックスのかたまりでした。

家は貧乏、育ちはよくない、背も高くない、顔もこの程度、学校の成績も……。

好きな女の子がいても、オドオドして声をかけることすらできず、先生に当てられると、ただ黙ったまま顔を真っ赤にして突っ立っているだけ……。

(オレは何て情けない人間なんだ) 自分のことをそんなふうに思っていました。

でも、負けん気だけは強くて、「今に見ていろ、今に見ていろ」といつも独り言を言っていました。

あるとき、私は、自分のコンプレックスを逆にプラスにできないかと考えました。

(ハンサムなやつは黙っていてもモテるから、自分を改善しようという気にはならない。その点、オレみたいな男は、人一倍魅力をつけないと女の子にモテないから、その分、自分を磨こうと必死で努力するんだ。ということは、オレのような人間の方が、遥かに成長できるじゃないか！）

コンプレックスはものすごい財産だと気がついたんですね。それからというもの、私は自分のコンプレックスをバネにして、一生懸命に努力をしてきました。

高校を卒業して化粧品のセールスマンになったとき、お客さんの家を訪問するのが怖くて怖くて、最初の三日間は結局、一軒も訪問できませんでした。

先輩から「お前みたいにやる気のないやつは、辞めちまえ！」と言われてしまいました。もう悔しくて悔しくて、「よ〜し、今に見ていろ〜！」と、その夜は鉢巻をして寝ました。次の朝飛び起きると、狂ったように四百軒のお宅に飛び込みました。

そうしたら、何と一件契約をとることができたんです。

「下手な鉄砲も数撃ちゃ当たるんだ！」

それからは、毎日一件は契約がとれるようになって、気がついたらトップセールスマンになっていました。

やがて、貯めたお金で、念願だったレストランを持ちました。でも、最初はまるっきりお客さんが来てくれませんでした。

私はどうしたらお客さんが来てくれるかを一生懸命考えました。思いついたのが、お客さんが店に入って来るときに見えたら、大声で名前を呼んで出迎えるということでした。お客さんの顔と名前を覚えて、一人一人大声で出迎えるようにしたんです。そうしたら、店はみるみるうちに繁盛し始めました。

やがて、その店をチェーン展開し、事業は順調に伸びていきました。ところが、思いもよらないピンチが訪れました。あることがきっかけで人を信じられなくなってしまったんです。

それ以来、言いたいことを我慢し、自分を抑えるようになりました。どんどんマイナス思考になり、私の心は完全に閉じてしまいました。

（人間は、自分の体に指一本触れずに死ぬことができる）そう感じるほど極度に落ちこみました。私の人生における最大のピンチでした。

（これはまずい……何とか自分自身を立て直さないと……）

いろいろな人に会ったり、本を読んだり、宗教に顔を出したりして、何カ月もかけて必死の思いで自分自身の心を立て直そうとしました。

そして、ようやくのこと、閉じていた心の扉が少しずつ開き、心の中に光がパァーッとさし込んできたのです。

私は、ようやく死の淵から生還できたのでした。

そんな苦しみのどん底をさまよっている中、一つの素朴な疑問を持ちました。

（どうして世の中には、悩みや苦しみから救ってくれる場所がないんだろう？
オレみたいに悩んでいる人間は、一体どこに行けばいいんだ？）

それが、「そうだ、〝心の学校〟を作ろう」と思い立つきっかけでした。

不思議なことに、それ以来、どんどんインスピレーションがわいてきました。人はみな神そのものであり、内なる神を自覚さえすれば、すべての苦しみから解放されるんだということが、体の奥の奥、心の底からわかってきました。

その内なる神、「本当の自分」＝「真我」を自覚してもらう講座「真我開発講座」を始めると、受講した人たちに驚くようなことが次々と起き出しました。それまで抱えていた悩みやトラウマが消え、重い病気でさえも奇跡的に回復していくのです。私は、まるで神様にその仕事をやらされているようでした。

やがて私は、七〇店舗にまで拡大していたレストランチェーン事業とその会社を人に譲り、「真我開発講座」に専念することにしました。以来、何万人もの人たちの内なる神を引き出すお手伝いをしてきました。その間、数え切れない奇跡のドラマを目の当たりにし、私の真我に対する確信は日に日に高まっていきました。

真我とは内なる神であり光そのものですから、心がどんなに闇に支配されていようとも、人はみな真我にさえ目覚めれば、一瞬にして闇を消し去ることができるのです。

そして、真我は心の根源ですから、真我を追究していると、自分の心の扱い方が手にとるようにわかるのです。本書が「あなたの悩みは一瞬で消せる」と言い切れるのは、そんな確とした実証の裏付けがあるからなんです。

実は、適当に幸せな人は、平凡で退屈な人生で終わってしまう可能性があります。その点、悩みや苦しみを持っている人というのは、その分、本当の自分を真剣に求めようとしますから、本当の幸せをつかむことができる人なんです。今抱えている悩みや苦しみが、本当の幸せへの階段になるんですね。

この本を読んでいるうちに、きっとあなたは「そうか、悩みを抱えていてよかった」と思えるようになることでしょう。

あなたの悩みは一瞬で消せる

目次

第2章 比べる、羨ましがる、裁く心をどうするか……57

第5章 仕事は自分を活かすためにある

第6章 恋愛も結婚も失敗したっていいじゃないか……135

装丁／鈴木未都
本文DTP／スペースワイ

第1章

悩みを一瞬で消すには？

自分の性格をよくすれば、悩みはパッと消える

悩みというのは全部自分の性格からくるんです。だから、**性格をよくすることが悩みを解決することになる**んですね。

自分の性格がよくなれば、環境がよくなります。周りのみんなを愛することができるようになったら、あなたの周りにいる人たちとの関係は、見違えるようによくなるに決まっています。そうしたら、周りの環境は俄然よくなります。

環境がよくなれば、恐怖心は薄れていくはずでしょ。

性格をよくするということは、仕事を通じてでもできるんです。もちろん家庭の中でもできます。自分の性格をよくするということに的を当てればいいんです。

そのためには、**相手の喜ぶことを言ってあげたり、やってあげること**です。そうやっていると、**そのことが自分の悩みを消す**ことにつながるん

ですよ。
そして、人間関係もスムーズになります。人間関係がスムーズになれば、また悩みはなくなる、どんどんよい循環になっていきます。

心のハンドルを握ろう

いつも悩んでいる人というのは、自分の心のハンドルを握っていない人なんです。

天は自分の裁量も与えてくれているんですよ。

「ここまでは天の裁量だけど、ここから先は自分で決めなさい」という自由が与えられているんです。

それはどういうことかというと、例えば今、逆境と思われるような状態にいたとしても、その状態を**「これでいいんだ！」と思うこともできる**ということです。「今、気持ちは落ち込んでいるけど、前よりは確実によくなっている」と思うことだってできるはずなんです。それが、心のハンドルを握るということです。

「昨日は楽しいことがあったからご機嫌だったのに、今日は変なことを言っちゃって急に落ち込んでしまった」というのは、ハンドルを握っていない証拠です。「あのときのミスも自分にとっては必要なんだ。あの出来事が、自分の今までの人生の縮図を見せてくれたんだ。ああ、これで勉強になったからよかったんだ！」と意識することもできますよね。それがハンドルを握るということです。

自分自身の心というハンドルを、自分で操作できるようになりましょう。自分のハンドルを持たず、すべてのことを出るに任せてしまうとフラフラッとして、自分で自分をコントロールできなくなってしまいます。

コントロールできずにすぐに落ち込んでしまうと、家族や身近な人をはじめ、周りの人たちに迷惑をかけてしまうでしょ。いちいち落ち込むのではなくて、「これでよかったんだ！」とパッと言えたとしたら、それは周りの人たちへの愛でもあり、思いやりにもなるわけです。

「これでよかったんだ！」とまず言ってみましょう。そして「これからは、そこに気をつけよう」と思えたら、学びになります。すべて学びになるんです。

「これでよかったんだ！」を口ぐせにする

常に「これでよかったんだ！」と、この言葉を口ぐせにしてしまうんです。

私はいつでも「あ、これでよかったんだ！」と言っています。すると、すべてのことは後になって（本当にあれでよかったんだな）ということがわかるようになります。

だから、何が起こっても「これでよかったんだ！」と言えばいいんです。

それが、自分の心のハンドルを握るということです。

例えば、(今夜は女房と夫婦関係をもちたいな) と自分にその気が起きても、奥さんが疲れて先に寝てしまったら「今夜はこれでよかった」と思えばいいのです。ちょっと自分の思い通りにならないからと、そのときに「(せっかくその気になったときに限って) なんで寝てしまうんだ」「夫の言うことが聞けないのか」なんて言ったりしてはいけませんよ。寝たいときに寝るというのは自然なわけですし、子どもが眠いからと自然に早い時間に寝てくれたら、それはそれで (ああ、よかった。よく寝てくれれば) と思いますよね。逆に寝なければ困るくらいじゃないですか。それと同じく (よく寝てくれている、ありがたい) と思えばいいわけです。

家族が寝ている間に自分はテレビを見たり、音楽を聞いたり、自由にできるじゃないですか。「ちょうど自分の時間ができた。今のうちにやること (やれること) をやっておこう!」と思えばいいだけの話です。そのように切り換えをすればいいだけです、パッと、ね。

少し余談ですが、夫婦はこうあるべき、こうでなければならないというような杓子定規になることはよくありません。判で押したように型で（こうでなければいけない）と思ったり、相手に対して（お前は、あなたは、こうでなきゃいけない）と型を求めてしまうから、いつも不満ばっかり……と、私は思うのですが、どうでしょうか？

とにかく、心の不安定な人は、自分の心のハンドルをきちんと握っていないんです。ピシッと自分の心のハンドルを握るようにしたらいいんです。そのように自由にできる裁量を天は一人一人にしっかり与えてくれているのですから。「あなた自身で相当程度はできるよ」という裁量を天は私たち人間に与えてくれているんです。

反発心は自分に対して反発する心

自分の認めたくないことをズバリ突かれると、反発心が出る人がいますね。これは、相手に対して反発しているのではなくて、自分の中の何かに対して反発しているんです。

私の講演を聞いたほとんどの人は感動したり納得したりしてくれますが、それでも中には反発を感じる人もいるんですよ。

どう考えても反発するような話はしていないのに、反発するんですよね。そういう人は、私の話に限らず、誰の話を聞いても反発心を持っていますね。特にいい話をすればするほど強い反発心を持つようなんです。

そういう人が自分を何とか変えたいと思っているのなら、まずは（自分の中に反発心を抱いてしまう何かがあるんだ）ということを認めなければなりません。認めなければ、一向に何も変わりませんから。

その上で、さらにそこから変えようとぶつかっていくしかありません。そこで逃げたら、その人はそれまでの人生のままでこれからも生きなければならないわけです。**どこかで強引に「変えよう！」と決めて、踏み込んでいかない限り、一生変わりませんよ。**人間の性質はそう簡単には変わらないものです。

例えば病気も、手術をしなければ治らないときは、病人をとっ捕まえてでも強引に手術台に乗せますよね。それくらいやらないと、人の性質も変わらないということです。

実は、**人間の性質を根本的に変えるということは、過去の歴史上誰もできなかったこと**です。しかし、私はこれまでそれに挑戦し続けてきました。それが、「真我」を自覚してもらう、体感してもらうことなのです。真我とは、本当の自分、いわば神そのもの、宇宙そのもの、愛そのものの本当の自分のことです。人はその真我を自覚することによって根本的に性格を変えることができるのです。

私は今まで、そのことを数多く実証してきました。

人に対して反発心を強く持つ人というのは、親から抑えつけられて育った人が多いようです。自分に対して注意したり、教えたりする人がいると、その人が自分の親とダブって見えてしまうのです。潜在意識では、他人も親も区別がつかないんですね。特に権威を持った人に対しては、なぜか、より強く反発してしまうんです。

会社で上司に逆らったりするのは、まさにその典型です。それでは上司、そして自分もなかなか困ることになりますよね。上司からすれば、そういう部下は扱いづらくて仕方ない、逆らう方も、上司がよいアドバイスをしてくれていても、逆らって素直に聞けませんから、折角の成長のチャンスを自ら失ってしまいます。

私はそのような人をたくさん見てきました。何が正しいとか、正しくないとかではないんです。とにかく自分の中に反発心が眠っているから、それが反射的に出てきてしまうんです。

抵抗のある話を素直に受け入れられるか

人の話をいくら聞いても、それだけでは自分を変えることはできません。聞くということは大切ですが、聞いているだけでは自分の殻を破って自分を変えることまではできないんですね。

自分で自分を変えようという努力をしなければ変われないんです。そのためには、自分よりも明らかに意識が高いと思われる人の忠告を、素直に受け入れる努力が必要です。そういう話には抵抗があるかもしれませんが、あえて、それを素直に受け入れてみようとする努力をしないと、決して本当の意味での成長はありません。

もし、自分を変えようという気持ちがもとからないのなら、何をやっても、どんなによい話を聞いても無駄ですよ。

本当に自分を変える気があるのなら、抵抗のある話こそ素直に受け入れられるようにならないとダメなんです。それができたら一人前になったと思えばいいんです。**あなた自身、どれだけ素直になれるか、それが成長の物差しになります。**反発心が出たら、「ああ、まだまだオレは一人前じゃないな」と思えばいいんです。

そうやってもまだ反発心が出てきたら、それはそれでいいんです。そこでまた自分はダメだと思わなくていいということです。なぜなら、普段は自分の中に潜んでいる心が、何かのきっかけで外に出てきただけだからです。**出るものは何でもいいんですよ。とにかく出てきたんだから。**（**ああそうか、そういう心が自分の中にまだあるんだな……**）**と自覚すればいいだけ**です。むしろ、その事実を早く認めてしまった方がいいです。

ちょうど自分の中に「病気の種」があると思えばいいんです。病気の兆候も早くわかった方がいいですよね。早くわかれば、それに対して早めの対処ができます。

人に対して反発心を持つのが、自分の患部だと思えばいいんです。

それを認めなければいつまで経っても治りません。そこを認めないで放っておくと、知らぬ間に患部がどんどん広がり、取り返しのつかないことになってしまう可能性がありますよ。

まず、自分の患部を認め、それを何とか治そうと思えばいいんです。

そして、人に対しても、素直に「協力してください」という気持ちを持つことです。そこまでは自分の意志でできますね。そこまでできれば、解決の方向に自然と向かっていきますよ。

大発見！　我《が》をなくす究極の方法

我《が》が強くて、周りの人とぶつかって、どうも上手くいかないという人が結構います。そういう人は「我をなくせば、きっと人と上手くいくのに」と思っているようですね。では、どうしたら我をなくせるのでしょうか？

我をなくす一番よい方法は、真我を出すことです。

前述のように、真我とは本当の我、愛にあふれる宇宙の心、仏の心であり、それを持っている自分、本当の自分のことです。そんな素晴らしい自分が、すべての人間、私たちの中に在るのですから、その本当の自分に気づいて、それを発揮していけば、私たちの自我なんてあっという間になくなります。真我が引き出せれば、**それはあまりにも素晴らしい無限の存在なので、ちっぽけな自我にとらわれる必要がなくなる**のです。

私は、一人一人の真我を引き出す専門家です。ちょうどお産婆さんのように、みなさんの誰でもが、もともと心の奥に持っている真我を引き出すお手伝いをしているわけです。それを「真我開発講座」という、たった二日間の講座で実践しているのです。

こんなことをやっている人は、日本広しといえど私しかいないと思います。いや、世界中を探しても、まずいないと思います。今まで誰もできなかったことを、私はやっているわけです。

自分が心の奥に持っている真我ですが、それを引き出すということはなかなか自分一人ではできるものではないんですね。釈迦も親鸞も、過去の偉人・聖人といわれる人はみなそれをやろうと長い年月をかけて修行していましたし、説き回っていました。それを**たった二日間で体感させてしまうのですから、わたしは世紀の大発見をした**と思っています。

真我を引き出すことが、我をなくす究極の方法です。

しかし、この方法には到底及ばないけれど、これ以外にも我をなくす方法はあります。

それは、聞く耳を発達させるということです。

なぜ我が強いとよくないのかというと、人とぶつかるからですよね。我が強いということは、自分の考えが絶対正しいと思っているからです。しかし、自分の考えが絶対ではないとわかれば、人を受け入れようとするので、人とぶつからなくなるんです。


人とぶつからないようにするためには、相手の話をよく聞くことです。

口を中心にしないで、耳を中心にするのです。

自分と対立しそうな意見を言われたときこそ「それはどうなっているんですか？」「なぜそう考えられるんですか？」と、相手に聞くようにするんです。そして**「自分と違う考えだからこそ面白いんだ！」**と思えればいいですよね。自分と違う意見を理解することができれば、それだけ人間の幅が広がるのですから。自分と同じ意見の人だけ受け入れていたら、何の成長もなく、面白くもなんともありません。

自分には考えられない視点、思いもつかない発想を学んでこそ、自分のものの見方が広がるというものです。

そうなるには、話すことからではなく、聞くことから始めるのです。

「それでどうなっていくの？」「へえ……、面白いね。そういう考えもあるんだ！」と、そうやって、どんどん質問していくといいですよ。

それでもなお、相手の考えが明らかに間違っていたなら、自分の考えに自信が持てるし、逆に、もし相手の考えが明らかに正しいということがわかれば、もう自分の考えは飛んでいってしまうでしょう。そのときには、自分の学びがさらに大きくなるわけです。

だから、どちらに転んでもいいのです。聞くほうを中心にしていけば、気がついたときには、我はだいぶなくなっているはずです。

聞くことを意識することによって我はだいぶなくなっていきますが、それでもどうしても人とぶつかったり、そうやって人とぶつかることが嫌だと思ったら、もっと根本的なところを見つめていくべきでしょう。

その根本的なところを改善して人とぶつからないようにするには、**自分の性格を直すか、自分の性格を活かすか**、どちらかしかないと私は思っています。

もし、どうしても自分の性格を直すのが嫌だったら、自分の性格を活かすしかありません。活かすというのは、そういう頑固な自分にでもついて来てくれる人とだけ付き合うということです。それも一つの生き方ですけどね。

しかし、できれば、自分の性格を直して活かすことができたら、最高ですよね。

そもそも（自分は我が強い）と思っている人というのは、実はそれが謙虚な証拠なんだということを忘れないでください。本当に我の強い人は、自分が我が強いということをわかっていませんから……。
ですから、「自分は我が強い」と自覚しているとしたら、これから大いに改善できる見込みがあるということです。

歳とともに素直になれる人こそ、大きい人

普通は、ほとんどの人が歳とともに観念が固まっていってしまいます。そうなると、何か真新しいものを見ても、勝手に自分の中で「こういうものじゃないか」と想像してしまいます。そうして、自分の考えを何でもどんどん固めていきますから、周囲も段々と扱いずらい人になっていくわけです。

逆に、歳とともに素直になれる人は稀です。そのような人は本当に素晴らしい人だと思います。よほどこれまで社会の中でもまれている人なのではないでしょうか。経営者なら松下幸之助さんのような偉大な方が、そのような人だと思います。

素直になりたいのなら、自分自身を成長させようという強い気持ちが必要です。仕事にしても、私生活にしても、レベルアップしようという強い気持ちがないとダメですよね。人間的にも成長しようという気持ちがないと、どんどん頭が固まってしまいます。

なぜなら、よりよくしようと常に考えていたら、人の話を聞こうと自らしていくはずです。

例えば、商売を繁盛させようと思ったら、お客さんがどう思っているかを真剣になって考えるでしょう。お客さんがどう思うかということを真剣に考えれば考えるほど、自分を無くさなければお客さんの声は聞こえません。自分の考えで凝り固まっていたら、お客さんの声なんて聞こえるはずがありませんよね。

人を裁いてしまう人というのは、すでに頭が固まってきている証拠です。自分を成長させようという気持ちがなくなってきている、

危険信号ですよ。あなたも、もし思い当たるところがあれば、自分の成長が止まっていないか、一度確かめてみたほうがいいですね。

素のままの自分を見てもらおう！

人は誰でも、（人からよく見られたい）と思っているものです。

中には、それを悪いことだと思っている人もいますが、それは全然悪いことではないんですね。それを悪いことだと思っている人は、人からよく思われたいという気持ちを消すことができれば意識次元をアップできると思い込んでいるんですよ。

では逆に、「人から悪く見られたい」と思っている人がいるのかどうか……？　いませんよね、そんな人は。

もし、そのような気持ちをすべて消してしまったらどうでしょうか？　それでは自己成長がなくなってしまうのです。

実は「よく見られたい」にも、二種類あるんです。

一つは、自分にお面をかぶせてよく見られようとすること、もう一つは、自分の素顔をよく見られようとすること、この二つです。

顔が汚れているのに、お面をかぶってそれを隠していたら、いつまで経っても汚れを落とすことはできません。**自分を演出してよく見せようとしているうちは、自分の本質は成長できません**ね。

恥ずかしくても、思い切ってお面を取って素顔を見せれば、人から注意されたり笑われたりして、ハッと顔に付いた汚れに初めて気づくんです。気づいたら（そうだったのか）と素直に顔の汚れを洗い流せばいいだけの話です。こうして**素顔の自分でいけば、どんどん自分の本質を磨いて成長していける**んです。

では、どうしたら、その汚れを落とせるのか。

まず、**「汚れを落とそう！」と、はっきり意識すること**です。

そこからすべてが始まります。

汚れを抱えたまま生きているということは、どこかあなたの深層心理に、汚れを落としたくない気持ちが働いているんです。だから、まずは（汚れを落とそう）と意識するしかありません。意識して始めるのです。どこかで、今までの意識を破る勇気と行動力が必要なんです。それは自分の意志でやるしかないんですね。

私は、人の心を扱う講座をやっている関係で、多くの人が私の前で本音を出してくれる機会に遭遇します。たくさんの人たちを見ていて思うことは、まだ**きれいな仮面をかぶっているときには、人はあまり感動しない**ということです。逆に、思い切って**ボロを出したときに、人は間違いなく感動する**んです。ということは、**ボロを出している人、出し切った人のほうがきれい**ということなんですよ。

汚い部屋を見せないように鍵をかけているよりも、「部屋が汚れている、よし、これから部屋をきれいにしよう！」と言って鍵を開けたほうが、その時点でもうきれいといえませんか？　そうすると間もなくきれいになりますしね。

ボロを出せる人ほど強い

ボロを出せる人ほど強いんです。そして、ボロを出すほど人は成長できるんです。ボロを出せば、そのときは格好悪いし恥ずかしいけれど、人から注意されたり、アドバイスされたりするから、改善することも早くできるんです。

「そうは言っても、怖くて怖くてなかなか人前でボロが出せないんですよ……」と悩む人もいます。そういう人は「ボロが出せない」と言っているから出せないんですよ。

そんなときは、**「よし！　ボロを出そう！」と、自分に向かって言えばいいんです。**そうしたら、本当に出せるようになります。心とはそういうものです。「出す」と決めて出せばいいだけ、ただそれだけです。「出せない」と言っていたら、一生出せませんよ。

だから、道はただ一つ、「ボロを出そう」と言うしかありません。

少しでも**本当の自分を改善するために、まずはボロを出すことから始めてみましょう**よ。そう自分で決断する、それしか方法はないんです。

稀に、人から無理やりボロを引き出されることもありますが、それは期待しないほうがいいですね。なぜなら、その人とは縁を切る覚悟が必要だからです。自分の見られたくない心に土足で入られるのですから、縁が切れる危険性があります。

やはり、自分からボロを出しましょうよ。自分でしかできないんですから。

人の話を聞いて「あ、そうか」と納得したとしても、それだけでは絶対に自分の問題は解決しませんよ。そこはやはり自分の問題を自分から出さないと。「参考にしておきます」なんて言うくらいでは、まず絶対に変わりません。自分の性質、性格を変えるのは、そんなに甘くはないんです。

「余裕がないから」は単なる思い込み

「自分が悩んでいるのに、人のためにやってあげる余裕なんてないですよ」と言われるかもしれません。しかし、それもまた思い込みに過ぎないのです。

「自分の頭の上のハエを追えなければ、人の頭の上のハエを追えない」と言いますが、あれは間違いです。人の頭の上にいるハエの方が追い払いやすいじゃないですか。お互いに頭の上のハエを追い合いすればいいんです。それが助け合いです。

いくら自分が悩みを抱えていたとしても「○○さん、素敵な洋服ですね！」の一言くらいかけられますよね。余裕がある、ないは関係ありませんよ。できるんです、余裕がなければできないと思い込んでいるだけなんです。**余裕があろうがなかろうが、人に喜ばれることは誰でもできる**んです。みんなそこのところを混同しているんですね。

大金持ちでも、ものすごくケチな人もいっぱいいるし、あまり裕福ではないのに、他人にたくさんのことを与えることのできる人もいます。そこは決してイコールではないんです。

相手に喜んでもらうと、そのことによって心が満ち足ります。お腹が満ちたりなくても、心は満ち足りるんです。お腹が満ち足りることと、心が満ち足りることは違うんです。まず、心が満ち足りるようにしましょう。

本当に相手のことを考えるだけでいい

「自分が満たされていないのに、他人のためにやるというのは偽善じゃないか？」と言う人もいるでしょう。しかし、それも違います。

例えば、飢えで困っているときに、配られたパンを他の人と分けないで自分一人で食べてしまったら、そのときの空腹はしのげるかもしれませんが、一緒にいた人たちからは、（あの人は自分のことしか考えない人だ）と思われて縁が切れてしまうでしょう。それは長い目で見ると大損することになるかもしれないわけです。

周りを見て一人だけでパンを食べることを少し我慢して分かち合えば、(この人は素晴らしい人だ！)と思われて、将来助けてもらったり、もっと大きな財産が手に入るかもしれません。

自分の欲のために最初から計算でやっていたらそれは偽善になりますが、本当に人のことを考えて行動したら、結果的に自分のところにちゃんと返ってくるのです。

それは決して偽善ではありません。

決めてもすぐぐらつく習慣におさらばするには……

何でも決めたらやるという癖をつけたらいいですね。

決めるまでは熟考してもいい、でも、一旦決めたら断行する、そういう習慣をつけたほうがいいです。

一旦決めたのにまた迷ってしまったら、そのときこそ打ち消すようにして**「やるんだ！」と言えばいい**んです。

そして、「これでよかったんだ！」と思うことです。

決めてからぐらつくというのは、あんまりいいことではありません。そのような習慣を持ってしまうと、何に対してもぐらついてしまいますから。

例えば、結婚しても本当に結婚してよかったのかなんてぐらつき、子どもができても産もうか産むまいかぐらつき……いつもぐらぐらしてしまうという ね。そのぐらついている期間が無駄な時間にもなってしまいます。

もし、今までの癖でぐらついてしまっていると気づいて、それでもその癖が直せずに、またぐらついてしまったときには「あ、来た来た！　いつものやつが来た！」と思えばいいんです。（これなんだよなあ……）と自分で楽しんでいればいい、要はまず癖を意識するのです。そして、**（これなんだよなあ……おもしろい**

なあ、オレってこういうふうになるんだよなあ……）「でも、決めた通りにやろう！」と言うんです。すると決めたことがやりやすくなりますよ。そして実際にやっていくんです。癖が出たときに落ち込んだり自分を責めなくていいんです。楽しんで、それを打ち消すように言葉に出して、そして決めたことをやるということです。

世の中には、大きく分けると、上手くいく人と、上手くいかない人とがいますよね。上手くいかない人は、まず決断が遅いんですよ。グズグズ、グズグズ……、やっと決めたと思っても、やってみてすぐにあきらめてしまう人なんです。

上手くいく人、物事をやり遂げる人というのは、**決断が早い**んです。そして、**決めたら基本的にはあきらめず最後までやり通す、断行する人**なんです。

歴史を見ても、英雄といわれる人は断行型です。誰が何と言おうと断行しています。

インド独立の父といわれたガンジーは、「自分の行く道が正しいと思ったら、たとえ死んでもその道を行きなさい」と言っていました。「たとえ死んでも」ですよ。ガンジーはそれを本当にその通りやった人ですよね。私の最も尊敬する人の一人です。現代社会にこそ、ガンジーみたいな人が必要なのではと思いますが。

決めたことをやっている**途中で、（これは明らかにまずい！）と思ったら、さっと変えてもいい**んです。そして、次にやるべきことを断行する。このように修復していくのはいいんです。

モヤモヤの状態のままでいるのが一番よくありません。物事はやってみなければわからないものです。ある程度やっていって、初めて何かが見えてくるわけです。だから、自分がある程度までは行動してみないと、いつまで経ってもわからないじゃないですか。

レストランで、自分で注文した料理が出てきたのに、それを食べもしないで「やっぱりあっちの方がよかった……」と言ってみても始まらないでしょ。一旦注文したら、それを食べてみなければ味はわかりません。それで本当にまずかったら、次から違うものを注文すればいいだけです。

私は、自分でもパッと瞬間的に物事を決める訓練をしましたよ。

例えば、スーツを買いたいときには、デパートの紳士服売り場に行って、そのフロアをサーッと二周りくらいするんです。その間にコレとコレって決めちゃう。それで、「はい。コレとコレください！」と……それで変だったら変だったでいいとね。

物事を「決める」「断行する」ということを、そんなふうにして普段から鍛えました。レストランのメニューを決めるにしても、パーッと一通り見て、「はい、コレとコレ」って注文できるようにする。

こうすれば、自分の直観力の訓練にもなりますしね。

その結果、もしまずいものが出てきても、「あ、これでよかったんだ。こういうものを注文したらまずいということがわかったんだから、これでよかったんだ」となりますよ。「これでよかったんだ。こんなまずいものを食べた後は、この次はきっとおいしく感じるだろうな」と(笑)。まずいものを食べなきゃ、美味しいものなんてわからないですからね。

これくらいのことは、失敗しても大したことではありません。それよりも、直観力を鍛えたり、物事をパッと決め、そしてやり通すことが大切なんです。

自分の使命を知りたい人へ

自分の生きる使命を知るということは、何よりも尊いことですね。

孔子は「朝《あした》に道を聞かば、夕べに死すとも可なり」と言いました。朝、自分の生きる使命を見つけたら、今晩死んでもいいくらいだと。裏を返せば、**使命を知らないで長生きするくらいなら、早く知って死んだ方がずっとまし**だと、それくらい大事なことだと言っているのです。

では、自分の使命をどうやったら見つけることができるのか。そんなに簡単に発見する方法があるのかということですが、それがあるんです。

結論からいうと、真我を開くことなんです。

真我が出てきたら、自分の使命の方向に自然と導かれていくのです。

「これこそが自分の使命だ！」と、自分で発見する場合もありますが、それよりもむしろ、真我に目覚めたらその結果として使命の方向に自然と向かっていくものなのです。

なぜなら、すべては心の表れだからです。**私たちは心と違う所には行きません。心が変われば、それにともなった結果が現れる**ということです。

しかし、自分の使命を知ろうと意識することは大事なことです。ただ、本当の使命を見つけるには、そのための手続きが必要なのです。

最初に自分の使命を知ろうとし過ぎると、自分で勝手に思い描いた夢を達成することが使命なのかと錯覚してしまう可能性があります。そうではなくて、自分の使命を知ろうと思ったら、まず最初にやらなければいけないことは、真我に気づくということなんです。

花にたとえるなら、真我は種（もしくは球根）です。種や球根は、最初からどんな花を咲かせるかは決まっていますね。その種や球根からやがて使命という茎や枝が出てきて、そして結果という花が咲く、バラという花やチューリップという花が咲きます。

バラの種とチューリップの球根は、同じ花ですがもともと違います。まずは種（球根）という命を知って、そして、そこから自動的に伸びてくる個性を知ることが、自分の使命を知るということなんです。

あなたが今やっていることが、自分の使命なのかどうかは、次のようなポイントで確認することができます。

・魂の底から喜びを感じられることか。

・どんなにやってもあまり疲れない。むしろ、やればやるほど元気が出てくるか。
・周りの人たちも喜んでくれているか。
・人類への貢献にもつながっているか。

このどれにも当てはまれば、あなたはかなり自分の使命に近いことをやっているといえます。

それでも明確にならないことがあるかもしれません。今やっていることが本当に使命なのか、そうではないのか、わからないこともあるでしょう。

そんな場合は、一カ月とか半年、一年というように一定の期限を決めて、その間、とにかくそのやっていることに集中して、一生懸命にそれに取り組むんですよ。

手を抜かないで全力でやり抜けば、自ずと答えは見えてきます。

そのときに、どんどん楽しくなってくるかもしれないし、逆にどう見ても自分には向かないことがわかるかもしれません。

もし、向いていなければ、そのときに変えればいいだけです。

ただし、そのやっていること（例えば仕事）が、単に嫌になったとか、人間関係がうまくいかないというような理由で、そのことを辞めたりはしない方がいいです。辞めるときは、明らかに自分の使命は違う、他のことだとわかったときに辞めるようにしましょう。

そうやってやっていれば、心配しなくても大丈夫です。必ず自分の使命は見つかります。

第2章

比べる、羨ましがる、裁く心をどうするか

人を裁くのは、自分の型にはめてしまうこと

私たちは、「あの人は間違っている」「この人は、まだできていないなあ」というように、ついつい人を裁いてしまいますよね。そして、人を裁いてしまう自分を嫌になって悩んでしまうこともあるでしょう。

なぜ、裁きの心が出てくるのか。それは、**型が自分の中にあるから**です。型というのは、（こうでなければならない）という観念のこと。頭の中にそういう観念があるから、**その型にはまらないと、裁きの心が出てきてしまう**わけなんです。真我（本当の自分）の愛には、こうでなければならないというものはないんです。

もちろん社会的なルールは守らないといけません。法律や条例があり、それ以外

にもマナーというものがあります。そういう秩序を守ってこそ本当の自由があるんです。みんなが信号を無視したり交通ルールを守らなければ、道路は走りづらくて自由のようで不自由でしょ。だから、自由と同時に秩序というものが必要なのです。でも、そういう社会的な秩序以外は、自由を認めてあげるというかね、そういう心が真我の愛なんです。

よい教えを教わっている人ほど、裁きの心が出てしまうことが多いんですよ。特に**宗教などに一生懸命はまっている人ほど、よく人を裁いてしまう**場合があります。

戦争が起きるのも、そもそもは裁きの心が原因です。ビンラディンもアメリカを裁いていましたよね。また、アメリカも彼らを裁いていました。「正義」という、「これが正しい」という概念が、人を裁くんです。

私も若いときは正義感がものすごく強い男でした。あるとき、ある哲学者から、「自分が正しいと思った瞬間から間違いが始まる」という言葉を聞いたときに「ああ！オレの欠点はこれだ！」って、わかったんです。

「自分が正しい、自分が正しい」という気持ちで物事をとらえていくと、そこから人を裁く心が出てしまうんですよ。

完全に相手になりきると見えてくるもの

裁きの心をなくそうと思ったら、その相手になってみるのです。

「相手の立場」ではなくて、完全に相手になりきってみるということです。

もし、自分が相手の人のような家柄に生まれて、その人のような環境で育ったとしたら、自分は果たしてどうだろうかということを、相手になりきって紙に書いてみるのです。

自分の中の観念で相手を見るから、そこからズレたとき「あの人はよくない」とか「間違っている」という裁きの心が出てくるんです。

でも、**相手になりきれば、もう、相手が間違っているとは思わなくなります。**

「そうか。自分も彼のような家で生まれ育ったら、きっとそういう人間になっていただろうな」「彼女のように、あの宗教を子どもの頃から植え付けられていたら、私だってそういう行動をとるだろうな」と、そのことに気づけば、もう、その人が間違っているとか、悪いとかは言えなくなるはずです。「相手になってみるといっても、人生経験の浅いうちはそうはなれないよ」と思うかもしれませんが、そんなことありません。そういう人でもなれます！

むしろ、人生経験が浅い人の方が簡単に相手になりきれるんです。それは経験が少ないぶん、人から素直に聞くことができるからです。

人生経験のある人は、自分の人生経験としてとらえてしまい、それはやはり思い込みなんですね。思い込んでしまうと、事実とは違うことを自分の型にはめてしまったりするわけです。だから、思い込みはなければないほどいいんです。

人生経験の浅い人は、聞くしかありません。だから、正しく聞くことができるんです。子供ほど物覚えが早いというのはそういうことです。真っ白だから入りやすい。素直に誠実に「どうして、そういうふうに言われるのでしょうか?」と、聞けばいいんです。「この人は、ひょっとしたら自分にはない何かを持っているすごい人かも知れないぞ」というくらいの気持ちで聞けば、どんな人でもどんどん話してくれますよ。そうしたら、相手の言っている意味がわかるようになってくるでしょ。そのわかるということが、相手の立場になるということなんです。

人を裁いているうちは、まだまだ人間が小さいんだ

人を裁いているうちは「まだ自分のスケールは小さいんだ」と受け止めることです。相手の問題ではなく、自分の問題として受け止めるのです。自分の成長度合いとして見るのです。「あいつはダメだ」「こいつもダメだ」と言っている間は、まだまだ人間が小さいんです。そうとらえるようにしましょう。

ただ、実は「あの人はバカだからしょうがないよ」と他人のせいにしてしまうことも、一瞬で悩みを消すコツではあるんですね。

私も以前、ものすごく悩んだことがあり、そのときにある先生の話を聞きに行ったら、その先生が大真面目な顔をして「もし何かあったら、全部人のせいにしなさい」と言うんですよ。それで私も試しにやってみました。「あいつが悪いんだ、こいつが悪いんだ。そうだ、オレは何にも悪くないんだ！」と。すると、ものすごく心が楽になりました。それはもう、えらく楽になったものです。

しかし、心は楽になるけれど、実生活の中ではそのままでは使えません。もし、そのまま口に出してしまったらどうなると思いますか？　今度は人とぶつかりまくって、ますます悩みが増えてしまいます。自分だけならいいけど、人との関わりの中で生きているのですから、これではあまり通用しないんですね。

人のせいにするという方法は悩まないという意味では一理あるんですけど、お勧めはしません。

最初の段階でルールを作っておく

裁く人というのは、案外、心の中だけで裁いていて、そのことを口に出さない人が多いものです。しかし、明らかに相手の行動が組織全体を乱しているというような場合は、そのことを正しく相手に伝える必要があります。または、前もってルールを作っておくべきです。

そのように一定のルールを作り、それに沿ってやっていれば、余計なところで人を裁いて、一人で悩むこともなくなります。

人を尊敬したときから、自分の成長が始まる

自分が自信を持っている分野で自分より凄い人がいたら、まずはその人のことを

尊敬するところから始めるんです。「自分よりできる人がいるんだ」と、嫉妬から尊敬にスイッチを変えればいいんです。

なぜなら、自分より仕事ができる人が入ってきたら、もの凄くいいことじゃないですか。尊敬できる人がいるということは素晴らしいことだし、その人から学ぶことで、自分も成長できるのですから、願ってもないことでしょう。

もし、そこであなたが「あの人がダメになってくれればいいのに」と願ったとしたら、どうなると思いますか？

昔から「人を呪わば穴二つ」と言って、「あの人がダメになってくれればいいのに」と願うと、自分がダメになるのです。

潜在意識というのは、もともと他人と自分の区別ができないんですね。だから、人を呪う刃で自分をやっつけてしまうんです。

結婚式に出席する人の中には、幸せそうなカップルを見て心から祝福する人と、内心では嫉妬する人と、両方いますよね。

祝福できる人は自分が幸せな人、嫉妬する人は自分が不幸な人です。嫉妬したり、人を恨んだりする人は、結局自分が不幸になってしまうのです。

ということは、**いつも嫉妬してしまう人は、どこかでスイッチを切り換えないと不幸なまま**ということなのです。スイッチを嫉妬から祝福に変えることによって、初めて、自分も幸せの方向に向かって行くことができるようになるわけです。

嫉妬心だけでいくと、その悪循環からはいつまで経っても抜けられません。無理やりでもいいですから、思い切ってスイッチを変えましょう。

わがままなお客さんほど財産だ

私がレストランを経営していたときに、とてもうるさいお客さんがいました。そのお客さんは、ああでもないこうでもない……って、来るたびに文句ばかり言うんです。

でも、気づくと、そのお客さんは、いつもかなり高い料理を注文していました。そして、常連になってくれていたのです。うるさくて嫌だなと思っていましたが、結構頻繁に来るんです。

なぜなんだろう？　と、あるとき考えました。そして、気がついたことがあるんです。

「たぶん、そのお客さんは他の店に行ってもうるさいんだ」ということ。私は内心、多少は腹が立っていたけど、一応その人を受け入れていました。これだけわがままな人だから、受け入れてくれる人はあまりいないだろう……だから、そのお客さんは心の中で私のことを「コイツは大したもんだ……」と思っているはずなんです。

そのお客さんは、そういう面でとてもいい常連客になってくれたんですね。

そもそも人間はわがままです。だから、自分のわがままを叶えてくれる店が一番いいお店であり、わがままを満足させてあげる人が一番いい人なんです。お金を出すほうは、いかに自分のわがままを叶えてくれるかなんです。

というふうに考えると、**わがままなお客さんというのは、大変な財産になります。もの凄く貴重な宝のような存在**です。

本当は料理がまずいのに「ううん……、おいしいですよ」なんて言われたら、進歩しないですよね。「何だ、これは！」ってお叱りをいただいたら、「どこがお気に召しませんか？」と謙虚になってお客さんから教えてもらうんです。そうすると、そこから進歩して、店はどんどんよくなっていきます。わがままなお客さんがいたら、そこには商売のヒントがたくさん詰まっているのです。

「ここがまだ足りないんだから、早速見直してみよう」……そうやって、素直に改善していけばいいんですからね。

的を外さなければ、人と比べる必要はない

幼稚園で保母さんをやっている女性が、「私は手先が不器用なのがコンプレックスなんです」と悩みを話してくれました。他の先生と比べると、絵を描いたり、ぬいぐるみを作ったりするのが遅くて、おっくうになっていると言うんですね。

でもね、何でもかんでも器用にやれるからいいとは限らないんですよ。ちょっとくらい手先が不器用でも、目的は子どもたちが喜んでくれるかどうかなんですから。ぬいぐるみを上手く作ることじゃないんだから、いいじゃない。要は、本来の的をずらさないことですよ。

それに、この方はいつも他の人と比較する癖がついてしまっているんじゃないでしょうか。お友達によると、その女性はとても心の素晴らしい女性なんだそうです。子どもたちの先生にとって何よりも大切なことを日頃から磨いて、立派だと。だか

ら、子どもたちからも、親たちからも、とても慕われているそうです。それで十分ですよね。

もし、もっと器用にモノを作れるようになりたいんだったら、一回、そのことに思いっきりチャレンジしてみるといいですよ。

まず「今日一日、作ることを全力でやってみよう!」ってね。

やればできると思います。今までは本気でやろうとしていなかっただけです。本当にやる気になればできるものだから。

一日だけ、「見本の一日」を作ってみたらいいんです。

その「見本の一日」ができたら、(もういつでもできる!)と思えるから、そうすると、コンプレックスなんかどっかへ吹っ飛んじゃいますよ。

ほかのことでも同じです。一番苦手だと思っているもの、コンプレックスをもっているものを、全力で一日やってみてください。「よーい、スタート!」って、全力疾走するくらいの気持ちでやってみるんです。

短距離型とマラソン型のうち、もしかしたら、彼女のようなタイプは、マラソン型かもしれないから、逆に一日だけ短距離走みたいに猛ダッシュしてみるんです。そうして、「やればできるんだ！」ということを肌に染み込ませてしまう。そうすれば、今までのペースに戻っても、もう大丈夫。全力でやったらできるということがわかっていたら、もうコンプレックスじゃなくなってしまうから。

それがコツです。

羨ましがるより「素晴らしい！」と褒めてみる

私たちは、人と比べて羨ましくなってしまうことを悪いことだと思ってしまうようです。でも、それは悪いことではないんです。人を羨ましく思うことは、本当はいいことなんですよ。

なぜなら、人を羨ましく思うということは、そのこと自体が相手を褒めていることになるからです。

それにもう一つは、自分が成長したいという意欲がある証拠だからです。自分が成長したいという気持ちのない人には、そんな気は起こらないでしょ。人を羨ましく思う気持ちがなかったら、誰も成長はしませんよ。産業もスポーツも、何も発展しないと思いますよ。

人が羨ましいという思いは、発展するエネルギー源なんです。大変バイタリティーがあるということです。だから、すごくいいことなんです。

羨ましいと思ったということは、その人のことを素晴らしいと思っているわけです。そうであるなら、できることなら相手に対してそのまま「素晴らしいですね」と言ってあげるといいんです。

「素晴らしいですね」と口に出して言ってあげると、その瞬間に相

手を受け入れたことになります。相手を受け入れると、そこから自分もそのようになれる可能性が出てくるんです。

ところが、相手に妬みを持つと、相手を受け入れていないことになるでしょ。受け入れないと、自分もその人のようにはなれないということなんです。つまりは、自分にブレーキをかけてしまうことになるんです。

潜在意識の働きというのは、良くも悪くもそういうものです。

ですから、人を妬んだりしている人は、成功することができないんです。

まずは、「羨ましいと思うのは、自分がそうなりたいと思っているからだ」と素直に受け止めることです。

●これだけは負けないという一芸に秀でる

他人を必要以上に羨ましく思わないようにするためには、何たって一芸に秀でることが一番です。

大抵のことでは人に負けるけど、一つだけ、これだけは絶対に人に負けないということを持っていると、劣等感は減るというかなくなります。

もし、そのことでも負けてしまったとしたら、ショックを受けるでしょうけど、それでもいいんです。そのショックを受けたことを「ありがたいことだ」と受け止めればいいんです。

なぜかというと、それがまたエネルギー源になるからです。

マラソンの高橋尚子選手がシドニーオリンピックで優勝して、その一年後くらいには世界記録を叩き出してまた優勝したけど、そのわずか一週間後にその記録を破られてしまいましたよね。普通なら、せっかく世界記録を作ったのに……と落ち込んでしまうところなのに、彼女はケロッとしていました。そんなに淡々とはなかなかできるものじゃないと思いますよ。あれはきっと、そのことを次なるエネルギーに変えているんだと思います。

落ち込むという前提から出発するんじゃないんです。（これはありがたいなあ。天はこれほど私に期待してくれているのか）と思えばいいだけのことです。

私の場合を振り返ってみても、そうやってショックを受けたことがきっかけとなって、成長してきました。一見悪いと思われることが来た後に、大変な黄金が眠っている、それに気づかされるものなんです。

負けず嫌いの性格こそ貴重な財産

ちなみに私は、恐ろしいくらいに負けず嫌いなんです。人に負けるのと死ぬのとどっちがましかと言われたら、「死んだほうがましだ！」と答えるほど負けず嫌いです。

私は若い頃、宝石の訪問セールスをやっていましたが、あるとき、私が訪問して契約できなかったお宅に、後から入って宝石を売ってきた別のセールスマンがいました。その事実を知ったとき、私は、陰で壁を叩きながらワンワン泣きました。もう悔しくて悔しくて……。それくらい私は負けず嫌いなんです。

その負けず嫌いの性格が、私にとっては大変な財産だったんですね。そのお陰で考えが深くなりましたし、何事も徹底してやることができたからです。

現在私は「真我開発講座」という、誰もが心の奥に持っている真我（本当の自分）を引き出す講座を主宰していますが、そのような究極の講座ができるようになったことも、負けず嫌いな性格のお陰だと思っています。

かつて私は、レストランチェーンを経営して、全国に店を七〇店舗以上にまで拡大させましたが、それでも、他の事業の世界と比べれば、私より凄い事業家なんていくらでもいますよね。どんなにがんばっても、勝った気分にはなれません。

ところが、こと真我の世界では、もう誰にも負けてはいません。始めた瞬間に勝ったという感じでした。

ですから、**人に負けて悔しいとか、羨ましいと思う気持ちは、全部財産になる**と思ってください。

イライラしたら場を外して「ちょっとタイム！」

ストレスを発散しても、それでもまたイライラして、例えば奥さんに暴言を吐いたり、手が出てしまいそうになったら、ちょっと外に出ることです。「ちょっとコンビニに行ってくる」とか何とか言って、すぐに表に飛び出してしまうことです。その場にいないようにするのです。

じつにシンプルなことなんですけど、これを実行するだけでも全然違います。

酒を飲んでストレスをまぎらわす人も多いけど、それは一時的な解決策に過ぎません。それに、酒を飲むと、前後不覚になってしまい、人に当たってしまう可能性があるから、あまりいい方法だとは思いません。

酒を飲んで暴れたりする人は、ふだんは理性的で本音を出さない人です。それが酒で気が大きくなり、ふだんため込んでいたものが出てしまう、挙句の果てには失敗をしでかしてしまうんです。

　そういう人を「あの人は酒を飲むと人が変わる」と言ったりしますが、実は変わったわけではなく、もともとあったものがそのまま出てきただけなんですよ。泣き上戸も笑い上戸も、たまっているものが出てきただけですからね。ふだん泣くのを抑えている人は泣き上戸になるし、笑うのを抑えている人は笑い上戸になるんです。

第3章

本当の自分を知る歓び

天は完璧なんだよね

天はね、ちゃんと一番良いタイミングで必要なものをくれるんです。
ほんとに見事に。
もう完璧です！

後になってみると、本当に「**そうか、なるほど、これでよかったんだ！**」ってね……。

いつも私はそう思っています。

迷わない

私は、ものすごい決断をしているときでも、迷いません。少なくとも自分のことでは。

自分の中では全部決まっているというか、本当に迷わない。

迷わないから、人の真我を引き出すなんていうことができるようになったんでしょうね。

迷わないのが私の使命、役割です。

なぜなら、「真我を知る」ということは究極の悟りだから、もう迷わないことでしょ。

迷わないから人を引っ張っていけるんです。

私が迷って「う～ん……どうかなあ?」なんてやっていたら、周りのみんなは不安になってくるでしょ。

きっと、その性分は持って生まれたものなんでしょうね。

昔から、私の欠点は自尊心の強さでした。

今は、真我開発という究極のことをやっているから、何も問題はありませんが、以前レストランチェーン経営をやっていたときには、自尊心の強さが周りから自惚れに見えちゃったようです。鼻っ柱が強くて、傲慢に見えるという……。

そこが、自分の欠点だと思っていました。「オレは絶対だ！」という気持ちがものすごく強かったから。

私のことを何も知らない人から見たら、やっぱり傲慢に見えてしまったのでしょう。

だから、自分でできるだけ抑えるように努力してきました。

真我開発のことをやっていると、特に講座（セミナー）の講師をやっているときは、一切自分を抑えなくて済むから、その点ではストレスがないよね。自分をそのまま出せるから、楽ですよ。

でも、講演をやるときは抑えるようにしています。私のことを何も知らない人がたくさん聞きに来てくれますから、抑えないと「なんだこいつは！　言いたいこと言ってるだけか」と思われてしまうと、それでは意味がないですし。来てくれた方々に伝わるようにと気を遣いますよね。

ただ、とくに講座をやっているときなどに言えることは、**迷わない私が自分をそのままを出してやっていると、それだけでも目の前にいるそれまで迷っていた人たちは、なぜかパッパッと気づいていくんですよ。**私は好きなことを言っているだけなんだけど、勝手にみんなが気づいていきます。そのとき、私は迷っていません。**みんなが迷っているから**です。

私は、ある意味、究極のわがままを押し通しているわけです。その点、私ほどわがままな男は日本にはいないと思います。**究極のわがままとは「神のまま」ということです。**

今、そんな私の周りにみんな集まってきているんです。そして、「救われた」って言ってくれるんです。

みんなは役割を演じているんですよ。なぜなら、私一人だと何にももう問題がないからです。私としては全部問題は解決しちゃったから、いくら問題を絞り出そうとしても、もう何もない。だから、私はいつも晴れやか、年がら年中晴れやか、ほんとに（笑）。

何にも問題がないから、私一人では何にも起きないわけです。問題がないことには解決することが何もないから、私一人では社会の役に立ちません。すると、動きも何もない。

ですから、そんな私のところにみなさんがいろいろな悩みや問題を持って集まって来てくれるから、そうして初めて私はみなさんのお役に立てるし、社会にも影響を与えることができるというわけです。そして、こうして本にもできるんですね、そういうことです。

物事の本質を見抜けるようになるには

物事の本質を即座に見抜けるようになるには、真我を開くしかありません。

ふつう、人間は今まで教わったことでしか物事を考えられないんです。持っている知識や固定概念の枠でしか物事を見ることができませんね。本人の価値観なら、その価値観という枠の中からでしか見ることができません。ですから、全く違った国で違った考え方の中で育てば、全然違う見方をするでしょう。

聖書を学んだ人は聖書の価値観で見る、仏教を学んだ人は仏教の価値観で見る、ビンラディンは自分の価値観でテロを起こしたわけです。アメリカはアメリカの価値観でビンラディンを見ていた。価値観同士がぶつかっているんです。

真我を開くと、そういった固定概念や価値観が見事に全部外れます。そうして、透明に物事を見ることができるんです。

透明な目で見たときに、初めて物事の本質が見えるようになります。そうなると、**見たものに対して一瞬で判断できる**ようになるのです。

宇宙の目で見ると、透明な見方になる

透明な目で見るということは、全部の価値観を外して宇宙の目で見るということです。宇宙には、人種もなければ国境もなければ、宗教も、思想も、何もありません。

「大局で見る」と言いますが、**大局のさらに大局が宇宙の目で見るということ**です。

宇宙の目で見たときに、自分という存在が一体どういう存在なのかが初めてわかります。家族や会社というものの本質もわかってきます。それは、今までのような固定概念からでは、絶対にわかり得ないことなんです。

また、時間という軸でも、大局から見ることができます。一人の人間でいえば、

時間の大局とは、一生涯ということ。一生涯という大局から見たときに、自分は今何をやらなければならないかが明確にわかります。もっと究極は、永遠の命です。そこから見たときには、さらに深い本質が見えてきます。

そういう目を持てるようになったときに、物事の本質が見え、面白いように、何でもスパスパ答えられるようになります。真我を開くことによって、その目が開かれるんです。

このようにして真我を開けば、恐れるものはなくなります。**底知れぬ自信が出てきます。**ですから、**もう何が起きても困らなくなる**んです。

全く違う次元から見ると知恵がわく

私たち人類にとって、これから必要になる能力は、考える能力ではなくて、「観る」能力です。観る能力とはこういうことです。

山に登って景色を見たらどんな心になりますか？

鳥やリス、花や草木を見てください。

大自然を見てください。

そんなときに、どんな心が浮かびますか？

山の上から街を見下ろしてみると、街の中にいて、街を見ているときとは全然違う心が出てくるでしょ。

大自然に抱かれたときの心で物事を発想するのと、人を憎んで恨んで、あくせく毎日バタバタしているところで考えることと、同じ頭を使うのでも全く違ってくるじゃないですか。


私たちはふだん、日本という国は、アメリカやドイツとは遠く離れた全く違う国だと思っていますよね。それぞれの大陸が別々に存在しているように思っている。でも、地球をずっと離れて、宇宙から地球を見たときには、地球は一つなんだということが実感としてわかるでしょ。そのときに、そこから出る心というのがあるんです。今までは別々の国、別々の人種だと思っていたのに、そうか、そうだったのか、同じ地球人なんだ、ということがわかるんです。

そうすると、そこから出てくる発想は、明らかに前とは違ってきます。そのときに、何を私たちはやらなければいけないのかということがわかってくるんですね。そんな心が大事なんです。

真我というのは、まさに宇宙の心、宇宙の愛そのものです。宇宙から地球を見たときに出る心、愛そのものの心なんです。その心で、頭を使うということが大事なんですね。そこから出る知恵というのは、同じ頭を使うにしても、**全然違う知恵が出てくる**んです。

頭で、ただ目先のことだけを考えていると、どうしても物事を物質的に考えてしまいます。

もし、一つの土地をお互いに欲しいと思ったら、奪い合いになってしまうでしょ。

「ここはオレの土地だ」、「いやうちの土地だ」と……。そうやって、みんながお金やモノを奪い合っていますよね。

でも、山の上に登って、平地とは違う高い次元から見たときに、そんなちっぽけな土地を奪い合うなんてことしなくても、視野を広げればいくらでもいっぱいあるんだということに気づきます。**いろいろなものがいくらでも、無尽蔵にある**ということがわかるわけです。

そうなればね、奪い合いじゃなくて、むしろ与えるような心が自然と出てくるんです。**もともと私たちには、愛そのものの心がある**んです。だから、知識で考えるのではなく、**人類は違う次元から物事を観る能力というのを、これから発達させないといけないんです**ね。

体の「外に出るもの」はすべてよし

私はよく人から「佐藤さんって、一体、どこからそんなエネルギーが出てくるんですか？」と聞かれます。

私は、**「何もかもすべてを出せば出すほど元気になるんですよ。思い切って出すほど、スカッと元気になります」**と言っています。特にみなさんを元気づけようと一生懸命やっているときほど、私には無限にエネルギーが湧いてくるんです。

エネルギーはインプットして蓄えるものだと思っているでしょう？　違うんですよ、反対にアウトプットしていくことで、湧いて出てくるものなんです。

みなさんも、愛をどんどん出していけば元気になりますよ。

愛がすぐに出てこなければ、最初はたとえゴミのようなものでもいいんです。自分の中に溜まっている感情を吐き出せば、それだけでもずっと楽になって元気になっていきます。一人で殻にこもって悩んでいたって元気は出ません。何でもいいから外に出しちゃえばいいんです。**出るものはすべてよし。やってみるとわかりますよ。**

ゴミを出しちゃえば、後から自然に愛が出てくるから。

本当の宇宙の愛が出てきたら、それはすごいパワーとエネルギーが出てきますよ。

もう、私は年中、いつも元気だから！　ほんとに。

全力で二時間講演をやった後だって全然疲れません。その後で、みんなで懇親会に行っても、私は講演会と同じパワーで話ができるから。むしろ、ますますパワーアップしていきます。

懇親会を終わってから、「もう一回講演やってください」って言われたって、多分平気でできると思います（笑）。それくらい私は元気なんですよ。それは自分の中からどんどん無限のものを出しているからです。

みなさんも、この境地を味わったら、もうやめられませんよ！

周りから大歓迎される生き方

本当の自分を知ったら、本当の自分は愛そのものだから、今まで奪おうとしていたところが、今度は与えようという心に変わります。人々に自分の中の愛そのもの、光そのものを与えていこうという心になっていくんです。

自分自身が人々に与えようという心になっていくと、今度は、周りからどんどん歓迎されるようになっていきます。

人から奪おう、無理やりにでも自分の商品を買ってもらおうという世界から、与えようという世界に変わると、今までとは全く反対になるんです。

これからは本物しか生き残れない

営業マンがお客さんにモノを売って、お金をいただくという行為はみんな一緒です。しかし、それが本当にお客さんに与えた結果で得た代価なのか、お客さんから奪い取って得たお金なのか、それは全然違いますよね。

お客さんも、最初はごまかされることがあっても、長く付き合っているとわかってきます。

世の中が不景気で厳しくなればなるほど、みんなお金をもっと大事なものに使おうという気持ちになってくるでしょう。すると、より本質的なことが見えるようになっていくんです。

大地震が起きたときに、はっきりと壊れる家と残る家が出てきます。地震が起きて初めて、大工さんや建築会社がまじめにやっていたかがわかってきます。不景気になって初めて、より本物を見る目が自然と出てくるんです。

自分のことしか考えない人と、そうじゃない人との違いがこれからますます浮き彫りになってきます。そういう時代が来ています。

第4章

真剣に求めると人間は一瞬で変われる

今ここで変われなければ、一生変われない

自分自身の殻を破るには、自分でやるしかないんですね。そのためには何でもするくらいの気持ちでいかないと無理ですよ。自分が納得いくかいかないかは関係ありません。

今ここでできなければ、明日もできません。一年経っても十年経ってもできませんよ。**今ここで自分を破ろうとしないと、いつまで経っても変わりません。**

何かの技術を習得するということなどとは違って、**自分の性質というものは、少しずつとか、だんだんと変わるということはできないんです。**

今、ポンと踏み込んで行くしかない。その代わり、腹を決めてかかれば、後は意外と簡単なんです。

変われるかどうかは、真剣度の強さで決まる

大きく自分を変えることのできる人は、次の二つのタイプです。

一つ目のタイプは、ものすごく追い込まれている人です。追い込まれて行き詰まっている人は、大きく変われます。反動で大きく変化できるんですよ。

二つ目のタイプは、真剣に自己成長を求めている人です。真剣に求めている人というのは、素直に正直に純粋に求めています。だから、大きく自分を変えることができるのです。

何か特別困っていない人の場合は、本当に真剣に変わろうとしているのかどうかという真剣度にかかっています。本当に自分は変わるんだという思いが足りなければ、なかなか変われるものじゃないから。本当に変わりたかったら、その真剣度がどれだけ強いか、その一点だと思いますよ。

変わろうとするときには、恐怖が伴うこともあります。常に自分の心の中に天秤ばかりがあるんです。恐怖が優先しているのか、変わろうという気持ちが優先しているのか、「恐怖」と「変わろう」が天秤の左右にあって、揺れているんですね。その恐怖よりも変わりたいという気持ちが重く（強く）なれば、変わることができるんです。

ただ、そういう人でも、放っておくと病気になったり、精神的に極度に落ち込んで変わらざるを得なくなることもあります。でも、できれば追い込まれて初めて気づくよりも、自分の意志で変わろうとした方がいいですね。なぜなら、人間はそういった恐怖にはそれほど強くないからです。追い込まれたら、そのまま死んでしまう場合だってあるんです。人間にはある程度の苦労は必要だけれど、それが大き過ぎると本当にダメになっちゃう人もたくさんいますよね、現実には。

だから、**できれば、自分の意志で早め早めに自分を改善していくようにしたほうがいいんです。どんどん素晴らしくなれるんだという**

希望の力で変わっていくことが一番いいんです。

恐怖心が強いのは、トラウマが原因

普通の人なら怯えないようなときに、必要以上に怯える場合は、何かトラウマ（過去に負った心の傷）を持っている場合が多いんですね。それは自分でもわからないことがほとんどです。幼児体験がそのままトラウマになっている場合もありますが、自分自身ではどんな体験だったか覚えていなかったりするんです。トラウマには自分の体験だけではなく、先祖から引き継がれたものだってあります。

私の所に相談に訪れる方の中には、在日韓国・朝鮮人の方も時々います。その方々を見ていると、たとえ当人たちが三世で差別を受けた経験がなくても、両親や祖父母が差別に遭ってしまい、そのトラウマを遺伝子で引き継いでいる場合があるんです。それに、親たちが何気なく言っていることも全部子どもたちにインプットされていくんです。そうやって、周りの人たちが知らず知らずに敵に見え、恐怖心を持ってしまうわけです。

真実を知れば恐怖心は消える

自分でも原因がよくわからない恐怖心を持っていたら、とりあえず真実を知ろうとすることです。真実がわかると、それだけで恐怖心はだいぶ軽くなります。

在日韓国・朝鮮人三世の方々にそのことを話すと、「そうやって恐怖心を背負っているんだとわかっただけでも、少し楽になりました」とよく言われました。

原因がわからないと恐怖心が生まれます。それは、こういうことです。目をつぶって歩くと全く何も見えないことで「何かにつまずいて転ばないかな……」「足を踏み外したりしないかな……」さらには「崖に落ちないかな……」と怖くなっていきますよね。わからないから、怖くなる。でも、目を開ければ足元がどうなっているのかわかります。どこに崖があるのかということもわかります。すると、怖さはなくなります。何があるのかがわかって怖くなくなるのです。

ですから、**真実を知ることが、恐怖や不安をなくしていくコツ**なんですよ。「ああ、なるほど。これが自分の恐怖心の原因だったんだ」とわかることです。**真実をとことん追求していけば、たいがいの恐怖心は消えていくもの**なんです。

恐怖心をさらに消すには……

とはいえ、真実はともかく、原因がわかってもなかなか楽にならないこともあるでしょう。

例えば、痛みの原因がガンだとわかったら、ますます恐怖に襲われてしまうなど。そこで、もう一つ、恐怖心をなくす方法をお伝えします。それは、問題を解決できる場所や方法を見つけることです。たとえガンだとわかっても、ここに行けば治療ができるということがはっきりとわかれば、それだけでだいぶ恐怖心はなくなるはずです。

さらに言えることは、**自分の恐怖心や不安を逆に利用するくらいの気持ちを持てば一番いい**ということです。

そのことによって根本的に問題を解決できたら、恐怖心や不安があったお陰ということになるでしょう。その瞬間、恐怖心や不安だったものが一転してあなたにとっての財産に変わるんです。そのことがわかれば、恐怖心や不安と上手く付き合っていけるようになります。

以前は、心の問題はその原因がなかなかわからなかったり、原因を見つけようとすることすらされない時期もあったようです。しかし今は、何が原因なのかを探るスピードがアップしています。

私には、真我開発を通じて、多くの方の心の問題を解決してきた実績があります。

それも短期間、短時間で心の問題を解決していっている実証を数多く持っています。今後、心の問題の原因の探求を含め、それはさらにスピードアップするでしょう。

一枚一枚自分の皮を剥いでいこう

自分を変えていきたかったら、とにかく一枚一枚皮を剥いでいけばいいんですよ。いっぺんに変わろうとしなくてもいいんです。全然焦らなくていいんです。

それには、昨日までできなかったことを今日やってみるのです。「昨日までは、ここまでしかできなかったけど、今日はここまでできるようになった！」「今日は、お客さんにここまで言えた！」それだけでもいいんです。薄皮を剥ぐように、一枚一枚確実に進歩していくことなんです。

できれば**それをメモして、やったことを残しながら後で確認していくといいですよ。そうやって一個一個克服していくうちに、どんどん自分の壁はなくなっていきますから。**

でも、それを**今すぐ実行しなければダメですよ**。たとえ少しでもいいから、本当に実行していかないと。「そのうちやります！」なんて言っているだけじゃ、何も成長なんてしません！

とにかく、何でもいいからやってみましょう。やるまではなかなかできないと思っていても、**いざやってしまえばどうってことない**んだから。

ほらっ、やってみて！

問題の核心に向かえば、心配は消える

仕事は一生懸命やっているけど、仕事が終わって会社を出たら、また心配事が頭に浮かんでしまうというのは、解決しなければいけない問題に正面から取り組んでいないからです。

違うことを一生懸命やって、自分の心をごまかしているうちはダメです。心配事や悩みを抱えているのに、世界情勢の話を一生懸命したって、そのときは確かに気

は紛れるかもしれないけれど、抱えている心配事はなくなりませんよね。酒を飲んでワイワイ騒いでも、その間だけは取り越し苦労をしなくて済むかもしれないけれど、一晩寝て目が覚めたら、また心配をしなきゃならないでしょ。スポーツで汗をかいても、スカッとするのはそのときだけで、また我に返ったら思い出しちゃいます。それでは、問題は何にも解決しないままで、ずっと残ってしまいます。

本当に解決しなければいけないことには、**真正面から集中して取り組むことです。問題の患部に直接向っていかなければダメ。**そうして一心にやれば、ほとんどの心配事は消えてなくなるものなんです。本当ですよ。

その悩んでいることについて、真剣に友人と話し合ったりすれば、それだけでだいぶ楽になるはずです。なぜなら、抱えている問題の患部にズバリ触れているからです。

取り越し苦労は、すべて妄想に過ぎない

私も若い頃、取り越し苦労をする人間でした。

でも、あるとき、公園で鳩が餌を食べているのをじっとベンチで眺めているうちに、ふと思ったんです。

「ああ、鳩って『明日食うにはどうしたらいいだろう?』なんて悩んでないだろうな。それに『昨日アレを食っておけば良かった……』なんて後悔もしてないだろうな。というか明日のことを悩んだり、後悔なんて全然していないはずだ。今、目の前の餌のことに一生懸命だ。今、目の前のことにただひたすら生きているんだ……、そうか!」と。

取り越し苦労、持ち越し苦労をするというのは、今を一生懸命生きていない証拠なんですよ。今目の前のことを一生懸命やっていたら、取り越

し苦労も持ち越し苦労も、その不安も浮かぶことすらないはずです。そんな不安が出るということは、物事を真剣にやっていないと思ったらいいんです。

なぜなら、今、この本を読んでいるたった今、あなたの目の前には何も問題はないですよね。本を手にしてちゃんと生きてるんです。ちゃんと物事も考えられているんです。ということは、何かを考えてしまって、それで**取り越し苦労をするというのは、すべて妄想**なのです。

今、この一瞬一瞬を一生懸命に生きる、そうすれば、そんな取り越し苦労する暇なんてないじゃないですか。そんなこと考える暇がないようにしていけば、取り越し苦労、持ち越し苦労なんていう妄想は消えてしまうはずですよ。

一度最悪を受け入れてみよう

取り越し苦労をしないようにする、もう一つの方法は、**最悪の状態を一度受**

け入れてみることです。

例えば、どんなことがあったとしても、最悪の場合、どこかの公園にダンボールを敷いて寝ることだろう、それでもゴミ箱を漁れば食べ物はあるだろうし、と……。

そして、長い人生の中で一回くらいそんなふうになったっていいじゃないか。そうなったらなったで、それもまた楽しいかもしれないじゃないか。むしろ、ホームレスの人間が成功したら、その方が本にでもなって、かえって面白いじゃないか、と……。

そんなふうに一度想像して最悪を受け入れてみれば、もう恐怖なんてなくなってしまいます。私もずいぶん心配症でしたが、「……まあ、最悪でも死ぬことはないだろう。まあ、最悪死んだっていいじゃないか、どうせ人間いつかは死ぬんだから」というのを口癖にするようにしたら、いつのまにか心配症は治ってしまいました。

最悪を一度受け入れてしまうと、それだけでずいぶん楽になるものです。

受け入れたら、今度はそれを全面には出さず、心の奥にしまっておくんです。普段は思い出さなくてもいいんです。

人間というのは、わからないから不安になるんですよ。

極端な話、たった一日でもいいから、本当にホームレスを体験してみたらいいんですよ。そうしたら、相当楽になると思いませんか？　最悪の状態を体験したら、その後は強いですよ、これは……。そこまでやれば、もう恐怖なんて、どこかにふっ飛んで行っちゃうと思います。

悩みはノートに書き出せば消える

悩みがたくさんある場合は、その悩みをノートに箇条書きにしてみましょう。

まずは、左半分に悩みを羅列していきます。それが終わったら、今度は右半分にその解決策を一個一個書き込んでいくんです。

それだけで相当悩みは消えていきますよ。やってみると、実感できます。早速やってみてください。本当かなあ？　と思ったら、ぜひ騙されたと思ってやってみるのです。やってもみないうちに「そんなことで解決するはずがない」と思わないでくださいよ。**やってみたら、びっくりするくらい効果があります**、本当に。

また、いい解決策がなかなか浮かばないときでも、すぐに人に相談しない方がいいんです。まずはできる限り自分で考えてみましょう。一生懸命自分の知恵を絞って、それでもどうしても浮かばないときに、人に相談してみるのです。「こういう悩みを抱えていて、自分なりに考えて、こうしたらいいのかなと思っているんですけど、もっといい考えはないでしょうか？」と聞くんです。

いいアドバイスをもらったら、そのとき初めて本当に感動することができるでしょ。もちろん勉強にもなります。

ところが、最初から人に聞いてしまうと、せっかく素晴らしいアドバイスをもらっても、「ああ、そう……」と聞くだけになってしまって、感動することもできません。

自分で考え抜いて、絞り出すだけ出して、「もうこれ以上いい知恵が浮かばない！」と行き詰まったときに聞いてみるのです。すると相談された方も答え甲斐があるし、あなたに感動してもらえればさらに嬉しくなるでしょ。

聞き方によって、答える側の答えも違ってくるものなんです。

落ち込んだときこそ大いに喜べ

今、国中がとくに精神面において大変苦しんでいる状態ですよね。

うつ病患者は、潜在的な人も入れると国内に約一千万人いると言われていますし、引きこもりも三百万人以上いると言われています。自殺者も年に約三万人で、交通事故死よりも多いです。経済の浮き沈みと比べると、心や精神面において日本は沈み続けている感覚です。

しかし、実は落ちたときこそがチャンスなんですよ。個々人も同じです。落ちたときが、魂の世界ではチャンスです。物理の世界では最悪かもしれないけれど、魂の世界ではもの凄いチャンスなのです。**魂の世界は、落ちたときに次元が上がれる可能性がある**からです。

私たちは見える世界だけを追いかけているから、逆にいいときが危ないんですね。見える世界ばかりを追いかけていると、いつの間にか、それが自分そのものだと思い違いをしてしまう。みんなからチヤホヤされたり、おだてられると、知らない間に錯覚をしてしまう。それが一番怖いのです。

今までは、お金やモノを得ることばかりを追い求めてきた人が、いきなり全財産を失って一文無しになったら、後には何が残ると思いますか?

自分自身、身一つしか残らないでしょ。そのときが、本当の自分を知る最高のチャンスなんですよ! こういうときが一番深い魂が磨かれて、人間として次元アップする絶好のチャンスなんですね。

第5章

仕事は自分を活かすためにある

どんな仕事もやり方を変えるだけで楽しくなる

私は、中学校を卒業すると北海道から単身上京しました。東京で最初に就いた仕事は社員食堂の皿洗いです。そして、来る日も来る日も、四百人分の皿をひたすら洗い続けました。もう、仕事がつらくてつらくて仕方ありませんでした。

ところが、そのつらかった仕事が、あることをきっかけに、とても面白い仕事になったんです。

「ただこうやって、皿を洗っているだけだったら誰にだってできる。よし、この皿を誰よりも早く洗うことに挑戦してみよう！」そう考えると、腕時計を前に置いて、秒針を見ながら、一分間に何枚洗えるかに挑戦したんです。

「昨日より一枚多く洗えた！」「昨日より二枚多く洗えた！」

そうやっているうちに、どんどん信じられないくらい早く洗えるようになって、皿洗いという仕事がとんでもなく面白くなっていったんです。

ですから、仕事というのは、**どんな仕事でもやり方さえ工夫すれば、いくらだって面白く、やりがいのある仕事に変えることができるん**です。

天職を見つけるには……

もし、あなたが自分に本当に合った仕事を探しているのなら、私はこんな方法をお勧めします。

まず求人誌を何冊も買ってきて、募集欄を広げます（インターネットで探すのも同じ要領で）。それにじーっと目を通していきます。そして、たくさん見ていく中から、ワクワクッとくるものがあれば、それを切り取るなり、メモするなりしてその求人を控えていくんです。そしてまたじーっと見て、ワクワクッとしたら控えをとる、さらにまたじーっと見て、ワクワクッとしたら控えをとる……そうやってとにかくそのときにできる求人すべてに目を通してワクワクッとくるものを集めていきます。集めきったと思ったら、早速集めた会社に片っ端から電話をしたり、連絡をとってみます。そこでは、自分の直観力に頼って、電話で話しているうちに、連絡をやりとりしているうちにピンと来た所に面接に行くようにしていきます。そのようにして会社を絞っていくんです。

いろいろな会社に行って話を聞いてみて、どれもピンと来なかったら、さらに探し直してみるしかありません。求人情報だけでなく、いろいろな機関がありますから、そういう所に足を運んでもいいでしょう。

たとえ、二社三社当てが外れたって、いちいち落ち込まないで、どんどん数を回ることです。いわゆる〝数撃ちゃ当たる〟です。百軒でも二百軒でも五百軒でも回るくらいのつもりでやればいいんです。そうすれば必ず自分にあった所が見つかるはずです。

面接に行くまでには、履歴書で興味を持たれないとダメですから、履歴書は自分の思うベストのものを作りましょう。履歴書に貼る写真にしても、きちっとネクタイをして、ベストの表情の顔をした写真を使いましょう。字もできる限りきれいに書くのです。

面接では、笑顔でニコッとして、ハキハキと歯切れよく手際よく話すことです。面接官という人は、その対応で仕事まで見てしまうものです。だらだらした話し方だと、（ああ、仕事もこの程度なんだろうな）と思われてしまいますよ。

面接というのはお見合いと同じようなものだから、その場である程度のことは全部決めてしまいます。要は、第一印象が一番大事なんですね。

面接官があなたの話を一生懸命聞いているように見えても、実は最初の第一印象でもう心は決まっているという場合もあるんです。来た以上は、話も聞かないで「もう結構です！」とは言えないから聞いている振りをするけど、ほとんど聞いていないことも多いんです。

だから、ハキハキ、テキパキ、ニコニコして、（この人物、仕事できそうだな）

と思わせることが必要です。

採用するかどうかの基準は、仕事がきちんとできそうだということと、人間関係がよさそうだということ、この二つです。

結婚とは違って、仕事は変わったりすることも多いものなので、自分を作ってでもできうる限り最高の自分を表現しようと面接に望むことです。

「転職はできない」という場合でも同じ要領です。

もし職場の中で配置換えが可能なら、会社の中でどんな仕事があるかをひと通り整理してみましょう。そして、その中で何が一番自分にとってワクワクするかを見つけていくんです。

もし本当にその仕事をしたいならば、配置換えを希望してみるのも一つです。実際にその部署に配属が変わったとしても、やってみたら当初のイメージと違って、全然自分には合わなかったということもあります。

でも、それで違っていたということがわかるからいいんですよ。**やってみるということは、直観を磨くためにも大事なこと**なんです。やってみなければ、直観力だって鈍ってしまいます。

仕事の配置換えも不可能なら、今度は、仕事のやり方をいろいろ変えてみるんです。

人と競争しながら仕事をした方が能力を発揮する人もいるし、逆に、競争意識を持つと力が出ず、自分のペースで仕事をやった方がいい人もいます。それは人によって違うでしょうから、自分はどういう仕事の仕方が合っているのか、それを発見していくんです。

あるいは、上司にきちんと報告をして、褒めてもらうようにするのも一つの手でしょう。上司に褒めてもらうことによって、自分をその気にさせることもできるからです。誰か第三者に入ってもらって、それを励みにしていくんです。

要するに、**どうすれば自分は活きてくるのかを発見していくということ**です。

失業中のあなたへ

不景気のときなど、なかなか思うように仕事が見つからなくて悩んでいる人も多いですよね。

でも、あなたを必要としている人は、世の中に必ずいるものですよ。あなた本来の個性や能力を活かし切れる仕事は、必ずあるはずです。

ただし、じっと待つだけでは見つからないですよ。そういう仕事を見つけようと思ったら、やっぱり自分から探しに行かないとね。

動物だって、餌を探すためには荒野を走り回るじゃない。本当に自分に合った仕事を見つけようと思ったら、もっと広くから真剣に探し回らないと。天職を見つけようとするのと同じで、たくさんの仕事の情報を集めて、たくさんの会社に面接に行って、そして、たくさんの人に会うしかありません。とにかくそうやっていれば、やがてはきっと、自分にピッタリの仕事を見つけることができます。

今、職がないのがチャンスだと思えばいいじゃない。だって、**失業して「これで良かったんだ」って思えばいい**じゃない。だって、**これからもっと自分に合った仕事が見つかる可能性がある**ということだから。長い人生の中でしょ、少しくらい失業期間があったって、どうってことはないんだから。

私が言ったような勢いで就職活動をすれば、必ず自分に合った仕事に巡り会えますよ。

今の仕事に力が入っていない人へ

不況で失業者が増えているときでも、企業は本当にいい人材なら欲しいものなんです。会社というところは人がいないと成り立たないんだから。仕事がないのも、いい仕事に就けないのも世の中のせいじゃない。全部、自分次第です。

もし、仕事に不安を感じながら、迷いながらやっているとしたら、本来の力は出ませんよね。

それなら、会社がどういう状態であるかに関係なく、三カ月なり六カ月なり期間を決めて、その間に自分の性格を変えるくらい全力で目の前のことに打ち込んでみることです。期限を決めないとダラダラしちゃうから、期限を決めることが大事です。

自分自身さえ磨いていったら、いろいろな会社があなたを欲しがるはずです。「景気が悪い」「会社が悪い」と言ったって始まりません。**今やれることは、自分を磨いていくこと**です。

「宙ぶらりんだなあ」と思うと、本当に宙ぶらりんになっちゃうからね。そうではなく、「自分は今ここで生まれ変わるチャンスなんだ！」と思わないと。

心機一転、今日から、昨日までとは違う自分になるんです。「今こそ天から試されているんだ！」と思えば、宙ぶらりんじゃなくなります。「こういう厳しいときにどれだけ頑張れるか神様が見ているんだ」と思ってやればいいんです。

今の仕事以外に本当にやりたい仕事があるのなら、思い切ってやってみたらいいんですよ。「絵描きになりたい」、「ミュージシャンになりたい」……もしホームレスになってもいいという覚悟があるのなら、やりたいことをやってみればいいんです。

収入が何分の一になるかわからないけれど、**本当に死ぬほどそれがやりたいんならやってみる**ことです。どうせ人生一発勝負です。

本当にそれをやりたいのか、自分に問いかけて「いい！」と思ったら思い切ってやる。「やっぱりそれではまずいな……」と思ったらやめる。二つに一つですよ。

新しい仕事に違和感を感じている人へ

新入社員として会社に入社したら、最初はいろいろと会社のやり方を強制されますよね。もし「オレにはこのやり方は合わない」と思ったとしても、私は一回そのやり方に則って、やってみるべきだと思いますよ。

「守・破・離」という言葉があるでしょ。最初は基本をしっかり押さえること、次にそれを破って、最後は離れるということ。最初は自分ではわからないんだから、まずは今まである一番のノウハウを自分のものにしていく。会社には長年のノウハウが蓄積されているんだから、まずは黙ってそれに従ってみることですね。それができるようになってから、初めて自分の個性を出していったらいいじゃない。基本もできていないのに、最初から自分の個性を出していこうとすると滅茶苦茶になりますよ。

私は、若いときから会社に勤めたら次のことだけは守るようにしていました。

一つは「嫌になって辞めることはしない」ということ。「人間関係が嫌だから」とか「仕事がつらいから」という理由では、絶対に辞めないと誓っていました。むしろ、つらいときこそがんばろうと思っていました。

そして、もし会社を辞めるときは、本当の自分自身の使命がはっきりとわかったときだと決めていました。今から思うと、その姿勢で本当によかったと思っています。そのことによって、考えが深くなりましたからね。嫌になって辞めるというのはまあ単純というか簡単だけど、そこからは何も学べません。そういうときこそ、魂に磨きがかかる可能性があるからね。「若いときの苦労は買ってでもしろ」というのは、本当だと思います。

だから、むしろ、そこの一番優秀な社員を追い抜いてから辞める、くらいの気合を、ぜひ見せて欲しいね。

希望しない部署に配属になってしまった人へ

会社でまったく希望していない部署に配属になってしまったら……。

そういうときには、そのことを自分自身でどう受け止められるかですね。いい部署に配属になることだけが自分にとっていいこととは限らないからです。

何か物事が起こったときに、人は次のうちのいずれかの思考で受け止めます。

マイナス思考とプラス思考、それに、もう一つは真我思考です。

この場合のマイナス思考は、「私はいじめられているんじゃないか」というようにすべてを悪く受け止める思考です。マイナス思考の人は、常に人とトラブルを起こしてしまう。すると、いずれ大病にもなってしまいますよ。修羅の人生を送ることになりかねませんね。

プラス思考だと、「これも試練なんだ」「これは、この会社を辞めろということなんだ」というように何でも前向きにいいことととして受け止めるでしょ。

そして**「真我思考」というのは、自分の命を活かすとか、社会全体のためとか、そういう大きな単位でとらえられる思考のこと。**マイナス思考、プラス思考とは次元が違う思考です。

「自分だけがいじめられているんじゃないか」というような次元でとらえるのではなくて、「これで魂を磨いて深みのある人間になれる」「仕事の仕方を抜本的に変えていこう」など、大きな次元でとらえられるようになる思考を言うのです。

順風満帆だと魂は磨かれない可能性があるけれど、嫌だなと思う所で働くことで、魂に磨きがかかるんですよ。その真実を知れば、そのこと自体を喜べるじゃないですか。

ですから、ぜひ、真我思考になれるといいですよね。

会社がやっていることで悩んでいる人へ

「私は地球環境問題に頭を痛めています。私の勤めている会社は売上を伸ばすために環境を破壊しているように思います。そう考えると、働くこと自体が悪いことに思えてしまうのですが、一体どのように自分の仕事をとらえたらいいのでしょうか？」と、こんな質問をされたことがあります、あるＯＬさんから。こんなふうに真面目に考える方も結構いらっしゃるんですね。

私はね、そういうことに対しては、あまり考え過ぎない方がいいと思っているんですよ。なぜかというと、地球のため、人類のために何をすることがいいことで、何をすることが悪いことかというのは、本当は人間の頭で考えても永遠にわからないものだからです。つまり、結論も出ません。

そうではなくて、自分のできる最善を尽くすしかないんです。**自分ができる**

最善のことというのは、本当の自分、真我を開き続けていくことです。**自然と、導かれて行くように。**

真我を開いていけば、**必ず答えの方向に人生が向かっていきます。**

真我を多くの人たちが開き続けていきさえすれば、真我は宇宙意識だから、経済や産業も、政治も、医療も、教育も、あらゆるものが自然と変わっていくのです。真我を開いていくことが、すべての解決の道なんです。必ず、ある時期が来れば、すごい勢いで世界中の人が真我を自覚するようになると思います。

地球のことや会社のことで悩んでいるのなら、まずあなたが最初にとことん真我を開いていったらいいんです。そうしたら、自然と出てくる発想も言動も、すべてが地球のためになるからです。真我とは、**内に眠る調和の心であり、宇宙の心**だからです。

今、具体的にどうすればいいという答えは、誰にもわからないでしょ。それに、みんなそれぞれ役割が違うから、万人に当てはまる答えはないんだよね。

だから、ただ、ただ、一人一人が真我を開いていくということとしか言えないんですよ、これは。そうすれば、知らないうちにやることが変わっていきますから。考えなくても大丈夫。答えは自ずと見えてきます。一切、心配しないでください。

今、地球の環境破壊が進んでいますけど、地球は……人類は……本当に救えるのか？　と思うでしょ。

その答えはこうです。

みんなが真我を開いたら、この地球は間違いなく救えます！

人類の多くが真我を開いていったら、地球は必ず救えます。

「真我を本当に開いた人が、百人もいれば地球は救える」と言う人もいます。

なぜなら、キリストやお釈迦さんレベルの人が百人もいたら、世界は変わると思いませんか？

真我というのは、神が与えたままの自分です。地球というのも、まさに神が与えたままのもの。

だから、**私たちが後から作り出した思考ではなくて、宇宙の意思に戻ることが大事**なんです。

地球をおかしくしたのは、私たち人間がその頭でいろいろ考えてやっていったからでしょ。いろいろな産業を勝手に興して、環境を破壊し続けています。

だから、**私たちの思考では、いくら考えても地球は救えないということです。宇宙の意思という真我に目覚めることによって、私たちの心が変わり、意識が変わり、行動が変わる**んです。

そのときに、地球をすべてを本来の姿に戻すことができるんです。

第6章

恋愛も結婚も失敗したっていいじゃないか

好きな異性に告白できない

「好きな男性に自分の思いを伝えられないんです」と言う女性がいました。

彼女は、以前、思いを秘めていた男性にふられた苦い経験があり、それ以来、男性に思いを伝えるのが恐怖になっているんですね。

「ずっと黙っていても仕方がないから、当たって砕けろでいくしかないと思うんですけど……」。彼女は、結局はそうするしかないと考えていました。

でも、そういうやり方に私はちょっと賛成できません。急に「好きです！」と相手に告白したりしない方がいいんじゃないかと思うんです。なぜかというと、いきなり告白してしまうと、相手にＹＥＳかＮＯかどちらかを迫ることになって、プレッシャーをかけてしまうでしょ。それはあまりよくないと思います。

そうではなくて、まず、食事に誘ってみるとか、一緒に映画を観に行くとか、そんな軽いところから始めた方がいいんじゃないでしょうか。

ちょっと洒落たレストランとか、面白そうなお店とか、話題の映画を調べておくんです。そして、「一人でちょっと行きづらいから一緒に行ってくれませんか?」って誘うんですよ。そういうことを一つのきっかけにしていくというね。それならば、たとえ相手から「行けないんです」って断られたとしても、そんなにダメージを受けませんよね。最初からいきなり告白してしまうと、ふられたときにもろにダメージをこうむってしまうでしょ。


ちなみに、人と接していくとその人の印象について**人間の心というのは、だんだん変わっていく**ものなんです。最初はそんなに好きじゃなくても、一緒に食事に行ったり、話したりしているうちに、「この人はいい人だな……」と変わっていくものなんです。だから、いきなり白か黒かにしないほうがいいんです。

例えば、セールスマンの営業にしても、いきなり「買ってください！」なんて言えば、お客さんはビックリして引いちゃうでしょ。徐々に徐々に、軽い方から引き上げていく方がお客さんも楽ですし、考えてくれます。

中には、そうやって男性に徐々に近づいていくことに罪の意識を感じる真面目な女性もいます。でもね、どちらにしても、近づかないことには相手の気持ちもわかりませんから、そこは近づいてみるしかないんですね。近づく前から悩んだところで意味はないんです。

実際に食事をしたり、デートをしてみると、想像していたものと全然違ったということだらけですよ。だから、一人でいろいろと考え込まないで、軽いところからとにかく近づいていくしかないんです。

男女の交際関係も場数が必要

前述のように、過去にこっぴどく意中の人にふられた経験があると、それがトラウマになって怖くてなかなか好きな異性に告白できないという人は多いようです

CDを聞いた方からのメッセージ

多数寄せられた感想のなかから ほんの一部をご紹介します！

今まで精神世界や宗教関係の本をいろいろと読んできて、そのときはわかったような気になっても結局何も変わらないということの繰り返しを続けてきました。

まったくインプットばかりやっていて頭でっかちになって、かえって自分を見失っていた事に気づかされました。外から何かの教えを身につけるのではなく、本来の自分に目覚める、それを引き出せばいいんだ、真我という黄金はもともと自分の中にあるんだ、というお話にハッとさせられ、また元気づけられました。ありがとうございました。

☆ M.O／ 男性／45歳／奈良県 ☆

CDをいただきましてありがとうございました。今までの本やセミナーでは積極性、プラス思考等を繰り返し植え付けることが主でした。しかし心を変える事、真の自分を発見する事の方がはるかに大切で簡単である事を知り、とても興味がわいてきました。

これからも繰り返し聞かせていただき、まずはこれから繰り返し聞かせていただきます。ありがとうございました。

☆ H.S／男性／34歳／香川県 ☆

10数年前から心理的なことに興味を持ち、少しだけ勉強したことがあります。恐怖感、不安や緊張は抑えようとすればするほど大きくなるのは習いました。しかし、肝心の「どのようにすれば消せるのか」は未だに教えてくれる人はいません。こちらの佐藤義塾のお話をもっと聞いてみたいと思いました。

☆ T.E／女性／41歳／神奈川県 ☆

自分の人生で、本当によかったと思い、やりがいのある生き方を実践していきたいと思いました。本当にやりたいことは何だろうと考え続けていたら少しずつわかってきた気がしました。早く、早く自分の人生を歩むことで、これからの人生を一生楽しく、美しく生きることができると考えるとワクワクしてきました。これからは自分の人生を真剣に考え、一生懸命にやっていきたいと思います。

☆ T.K／男性／21歳／栃木県 ☆

話の内容が心に素直に入ってきました。私も自分探しの旅を続けていました。もともと自分の中にある「本当の自分」を外に探し求めていた間違いがわかりました。

☆ M.A／女性／45歳／山口県 ☆

精神世界のジレンマやギャップ、心の思考パターンなどをスキなく説いていると思います。聴いていると力が出て楽しくなります。

☆ 男性／37歳／茨城県筑波郡 ☆

最近は人間関係で悩みもいろいろあり心がまいっていましたが、佐藤先生のお話のCDを聴かせて頂いたところ、心の奥からパワーが出て来ました。今までプラス思考・自己啓発の本を買って読みあさりましたが、皆、同じ内容ばかりでした。宗教でないところが嬉しいです。今日のランチの会話も楽しくできました。ありがとうございました。

☆ H. T／女性／42歳／兵庫県 ☆

非常に興味深い内容でした。宗教や哲学を越えた人間学のようでした。人間の心、心理についてもっと知りたいと思いました。

☆ M.M／女性／22歳／兵庫県 ☆

大変役に立つというより、今までに考えていなかったようなフレーズがあり、心に留まりました。さまざまな能力開発的な本を読んでみましたが、このような発想は今までになく、大変に感銘しました。

☆ 男性／42歳／群馬県高崎市 ☆

CDありがとうございました。自己啓発の本等は今までいろいろ読んでいましたが、今イチ納得がいきませんでした。しかし、CDを聴いて自分に正直である事の必要性を改めて知る事ができました。今まで以上に前向きに明るく生活していきたいと思います。

☆ A.O／女性／24歳／千葉県 ☆

早速CDを送っていただきありがとうございます。自己啓発などでプラス思考がいいとはわかっていながら、実生活ではなかなか続かない状態でした。CDを聴きまして、今までのプラス思考の矛盾や落とし穴の指摘にハッとしました。また人間は「過去の記憶」に縛られているというお話には感銘を受け、「自分探し」や「悟り」に一生明け暮れるのではなく、「本当の自分」が出発点、「悟って」からが人生の始まりというお話に目が覚める思いです。自分の悩みや不安が溶けていくようで嬉しいです。このCDに巡りあえましてたいへん感謝しています。本当にありがとうございます。

☆ H. T／男性／44歳／東京都 ☆

ね。

そういう場合は、場数をこなしていって、打たれ強くなるというのも一つの手です。十回もふられたら、もう慣れてしまって何ともなくなります。

ちなみに私は、もともと口下手で、引っ込み思案で、好きな女性がいても何年も声をかけられない性格でした。だから、それがもう悔しくて悔しくて、逆に、人にぶつかる仕事をやろうと思い、一念発起して、敢えて一番自分に向いていないであろうセールスの世界に飛び込んだわけです、二十歳そこそこでしたが……。そうして、初対面の人に物を売るという場数をこなして、自分のそんな性格を克服していったんです。

ですから、**自分の性格は変えることはできるんです。私でもこんなに変われたんですから。それは一〇〇パーセント断言できます。**

ふられたっていいじゃない

いきなり告白せずに徐々に近づいていきましょうと述べましたが、もし、告白するかしないかで相当悩んでいるのなら、言えない（告白できない）苦しみからみると、言ってしまって苦しむ方がまだいいと思いますよ。

それに、告白してうまくいったらもちろんそれはいいけれども、仮にうまくいかなかったとしても、それも実はうまくいったのと同じなんですよ。なぜかというと、早く結論が出るからです。結論が早く出れば、サッと諦めて、もっといい人を探すことができるじゃないですか。

いつまでも告白しないでいたら、相手には全くその気がないのに、一人で悶々としているだけで、その間、時間の無駄になってしまいます。だから、その意味で告白するということは、**うまくいってもいかなくても成功**なんです。

もっと軽やかに行きましょう！

結婚相手を探すときは、数多くから選ぶこと

もし、そろそろ結婚をしたいと考えているのなら、私はたくさんの人の中から選んだ方がいいと思いますね。

出会う方法はいろいろあるんだから、たくさんの人と出会ってみて、そのたくさんの中からチョイスすればいいんです。〝数撃ちゃ当たる〟です。

（この人だ！）と決めてかかってしまうと、もしダメだったときにはゼロになりますよね。ずーっと長い間思っていたのが一発でゼロになったら大変なショックじゃないですか。

恋愛ならまだいいんだけど、結婚となると、たくさんの中から選んだ方がいいと、私は思います。

恋愛結婚よりも見合い結婚のほうが離婚率が低いことを知っていますか？　それ

は、見合いの方が、たくさんの人の中から冷静に相手を選べるからです。恋愛だと、付き合える人の数は限られてきます。それに、恋愛している間は、冷静に相手と相性が合うかどうかもわからなくなっちゃうからね。

もし引っ込み思案で、なかなか異性と知り合いになれないという人は、相手を紹介してくれる専門機関がたくさんありますから、そういう所に行ってみることです。そうやって、異性と近づかざるを得ない状況に自分を追い込んじゃうことですね。

もう一つは、場数をこなすことです。

引っ込み思案の人でも、恋愛感情の全くない異性になら楽に近づいていけるはずです。そんなただの異性の友達で場数をこなすんです。一緒に食事をしたりして、いろいろな話をして異性のことを知るんです。そうすると、異性のことがだんだんわかってきて、自分に合った人を見つける目が養われます。

本当はね、一番いいのは、真我（本当に自分）を知ることですけどね。本当の自分は愛そのものでできていますから、自ずと自分の中から愛が溢れてきて、いろいろな人の所に積極的に近づいていけるようになります。

自分の中から本当の愛が溢れてくれれば、誰にでも「あらー！」って抱きついていけるくらい相手との壁がなくなります。そうなれば、もう恐怖心などは吹っ飛んでいっちゃいますから。

それに、自分の魅力が輝き出しますから、**放っておいても異性の方から近づいてくる**ようになります。後は、一番相性の合う人を選べばいいだけになりますよ。

「この人理想と違う」と思ったら……

ある女性がこんなことを言っていました。

「実際に男性と付き合い始めても、彼に対して『男性はこうであって欲しい』という理想を持っているから、そうじゃないとわかると、『あれ、この人違う』って思えて、いつも長く続かないんです」と。

そういう考えのままだと、いつまで経っても自分に合う相手は見つかりませんね。残念ながら、永久に無理だと考えた方がいいです。

「理想と違うからこの人はダメ」というのは、一種の裁きなんです。あまりにも頭の中で（こうであらねば）ということを型で考え過ぎているんですね。むしろ、理想と違うところをカバーしてあげるのが自分の役割だ、と思うくらいになるべきなんです。「この人は、この部分が不足している。だからこそ私が必要なんだ」と思えるかどうかです。

そうなるには、最初は多少訓練がいるかもしれないけどね。でもそれは、普段の仕事を通じてでもできますよ。「ああ、この上司はこういうことが苦手なんだ。だから私が必要なんだ。私ができるだけカバーしてあげよう」。そう受け取るように訓練をするんです。

私なんて、自分のことだって何もできない人間です。もし、私の所で働く人が私に不満を言っていたら、不満だらけになるでしょうね（笑）。不満だらけの目で物事を見ていると不満しか湧いてきません。しかし、それをカバーするのが自分たちだと思えると、みな一緒に仕事ができるんです。「あの人に欠けているところがあるからこそ、自分が必要なんだ」と受け止めれば、むしろ、その欠けているところがありがたいことになるじゃないですか。

もともと男と女は不足を補うために半分ずつになっているのです。だから、足りない部分があって当たり前なんです。

訓練のために、一回、全く納得のいかない人と付き合ってみるのもいいかもしれません。一カ月だけとかですが……。まあ苦しいでしょうけど、それくらいのことが必要な人も結構いますよ。考え過ぎる人は、それくらいのことを一回くらいやってみてもいいんです。多少は「滑った、転んだ」をやってみないと、ね。何もしないで頭の中で考えてばかりいたら何の成長もありませんから。それでは「転ぶからスキーを履かない」と言っているのと同じでしょ。そして、転んだ人を見て「ほら、やっぱり」って言っているだけのことです。

転ぶことも学びです。転ばなければわからないんです。

「失敗は成功のもと」じゃない、**「失敗は成功そのもの」**です。そのことによっていろいろな教訓を学び、自分を成長させることができるんです。そうすると、簡単に成功してしまうよりも、自分を磨くことができるでしょ。ですから、**失敗は成功に負けないくらいの成功**なんです。

自分に合った伴侶を見つけるには

前に触れましたが、自分に本当に合った伴侶を見つけるためには、まずはたくさんの人に会ってみることですね。そして、そのたくさんの中から選ぶことです。

もう一つは、ありのままの自分でいくということです。もし自分をつくってしまうと、そのつくった自分に惚れられたときに、後で「あれ、違ったかな？」ということになってしまいます。つくった仮面に惚れられても仕方がないよね。

結局は、ありのままでぶつかっていくしかありません。「お金もありません。学歴もありません。家柄もこの程度です。こんな欠点もあります。でも、これが私です」そうやって本当の自分でぶつかっていくことです。

ありのままでいいんです。そのありのままを磨けばいいんです。

「ほら、こいつはどうだ」と神様が見せてくれている

独身の異性に出会ったら、全部神様が見せてくれていると思えばいいんです。「ほら、この人はどうだ？」って。

そう思って、（この人はダメ、この人もイマイチ、あ、この人はいいかも……）とやっていればいいんです、心の中でね。

自分が気に入るまで神様は見せてくれるって思えばいいんです。もしそれで本当に一生が終わってしまったら、もうそのときはしょうがないですが……。

合う人と結婚するもよし、合わない人と結婚するもよし

「本当に私に合った人がこの世にいるんだろうか？　そんな人と巡り合うことができるのか？」

独身で、付き合っている人もほとんどいない人は、そんな不安を抱くこともあるでしょう。

でも、安心してください。この世に男と女は半分半分いるのです。ということは、神様は、一人一人に合う異性を用意してくれているということなんです。

一番ピッタリの人じゃなくてもいいんですよ。合う人といっても、一番合う人、二番目に合う人、三番目に合う人、四番目……というふうにいっぱいいると思ったらいいんです。

一番を求めていったらキリがありません。ですから、ある程度のところで満足することが大事なんです。

逆に、合わない人も、一番合わない人、二番目に合わない人、三番目に……といます。

もし、間違って合わない方の人と結婚してしまったとしても、それでもいいんです。なぜかというと、そのような相手と一緒に過ごすことで魂が磨かれるからです。いろいろな障害や摩擦が生まれても、**そういうときこそ、自分の魂が一番磨かれているとき**なんです。そのことを学びとして受け止めることもできるんですよ。

逆に、最高に合う人と結婚できたら、もうそこからは、あまり学びはないかもしれません。**相性のよさと学びの量は反比例するん**です。だから、相性のいい人と結婚するのもよし、最悪の人と結婚するのもよし、**どちらでもよし**なんです。

そう思えれば最高ですね。

第一印象もおろそかにしない

異性を引きつけるにしても、〝能動的に引きつける〟、そして〝受動的に引きつける〟という二つがあります。男性の場合、女性よりも能動的にできるようですが、女性はなかなか能動的にできない人も多いでしょう。そういうときは、やはり花として受動的に引きつけることも必要です。

ありのままでぶつかるけれども、そうはいっても、男性はパッと見、その見た目で近づくかどうかを決めるところがありますから、いくら中身を磨いても、とにかくこちらに来させないことには何事も始まりません。

もちろん本当に付き合うとなると、そこからは違ってきますが、最初のきっかけ作りも重要ということです。声もかけてもらえない、誰も近づいてこないとなると、難しいですからね。

そこは、きれいに化粧するとか、女性らしい洋服を着るとか、そういう意識が足りない人は、やはりそのあたりも意識した方がいいでしょうね。

それでも結婚に迷ったら……

今付き合っている人と本当に結婚していいものかどうか迷ったときには、とにかく本当の自分を出して、本当の自分で相手に接していくことです。そうしたら、自分の意志を超えたところで、神様がきちんと結論を出してくれますから。

本当の自分を出していくと、磁石でたとえると磁力が強くなるわけです。磁力が強くなると、ピタッとくっつくか離れるかどちらかがはっきりするでしょ。本当に相性の合う人とはピタッとうまくいくし、そうじゃない人とは離れることになります。

だから、「もうこれ以上ない！」というくらい、相手に思いっきり丸裸でぶつかっていくことです。**本当の自分を出し切っていくんです。相手の懐に踏み込んでいくんです。そうすれば、結論は自然と出ます。**

結論は早く出した方がいいです。間違って結婚してしまい、子どもでもできた後で「やっぱりこの人とは合わない……」と思っても、後戻りはなかなかできませんから。

結婚だけでなく、人生そのものも同じです。結論を先延ばしにしてグズグズしている人は、いつもグズグズしているものでしょ。そういう人は仕事でも成功できません。そのまま人生が終わってしまいます。何でも早く結論を出した方がいいんです。

結婚相手を選ぶときに一番邪魔になるのが情です。同情結婚が一番よくありません。同情結婚はほとんど失敗しています。結婚相手を選ぶときには、非情にならないといけないんです。自分のためにも相手のためにも、また生まれてくる子どものためにもです。本当の愛で結婚しましょう。

そして、自分にとって大切なことは、何でも徹底的に話し合わないとダメです。自分の考えを全部出して、とことん本音で話し合うことです。その中から見えてくるものがあるからです。

ただし、相手の言葉だけで結論を出してもいけません。なぜなら、口先だけで調子よく合わせる人もいるからです。だから、話し合いだけでもダメなんです。問題は本当に行動が伴うかどうかです。言葉と行動とを見て、初めて相手や自分のことを確かめられるのです。

彼女がいない人へ

私は若い頃、どちらかというと硬派で、彼女ができるのにとても時間がかかりました。でも当時、「オレほどがんばっているヤツはいないんじゃないか」と思うほどがんばっていて、「これほどがんばっているんだから、きっと明るい将来が待っているだろう」と思っていましたから、ものすごく充実感があったんです。だから、彼女がいなくても、別に何ともなかったんですね。

でも、そこまで打ち込む対象がない人は、やはり好きな人を見つけて、思いっきり付き合ってみた方がいいんじゃないでしょうか。

異性と付き合うというのは、財産になりますよ。異性と一緒に笑ったり泣いたりすることによって、感受性も豊かになってくるしね。

別に、別れたっていいじゃない。また、いろいろな人と付き合ってみたらいいんです。

もし、周りに付き合いたい異性がいないなら、探しに行けばいいんです。探したらいくらでもいるはずですよ。とにかくそのようにしてたくさん知り合った中で、自分に合った人を選べばいいんです。

異性の少ない環境にいるから、「なかなか付き合える人ができない」と思っているだけではダメですよ、外に探しに出かければいいだけのことです。異性のたくさんいる場所に行かないことには出会いはないんだから。

もっと軽やかにいきましょう！

迷ったら近づけ！

好きだった人のことをいつまでも思っていると、せっかく次のチャンスが訪れてきてもつかみ損なってしまいます。

（ひょっとしたら、あの人とまだ付き合えるかもしれない）とモヤモヤ考えているような状態ならば、どこかで白黒はっきりさせた方がいいですよ。

白黒はっきりさせたいのなら、近づいていって、傷つく覚悟でもう一度真剣に話すことです。「結論をはっきりと出すために行くんだ」と、腹を決めて行動するのです。「私はあなたのことが好きなんです。あなたとお付き合いしたいと思っているんです。あなたはどうなんでしょうか？」と聞くしかありません。そこまで言えば、相手の気持ちもはっきりと返ってくることでしょう。相手もそう思ってくれるならそれに越したことはないし、もしダメでも、はっきりするからいいんです。そうしたら、気持ちを切り換えて次に向かえます。

「迷ったら近づけ！」です。磁石も離れているとくっつくか離れるかわかりません。近づいてみて、初めてピタッとくっつくか離れるかがわかるんです。

頭の中で一人で悶々と考えているだけで何もしない人も多いですが、近づいていかないと何事も進まないでしょ。
そんなときは、**失敗してもいい、多少傷ついたっていいんです。**失敗したり、傷ついたりすることで、いろいろなことを学べるからです。**苦い思いをすることによって、魂に磨きがかかる**んです。自分が痛い思いをして、初めて人の痛みがわかるということがあるんです。

私自身も多くの失敗をしてきましたから、みなさんの相談にのってあげられるのです。私が何事も順調で、きれいなアスファルトのような平坦な人生を送ってきていたら、恐らくみなさんの気持ちはわからないと思いますよ。ただきれいごとを言うだけになってしまいます。

失敗も成功です。**何もしないでいることが一番の失敗**です。何もやらないでいるのが失敗で、**やったことは全部成功**なんです。
人生一回しかないんだから、行ったことは全部成功です。**失敗はむしろ成功よりもさらに成功かもしれません。**

挫折を経験している人の方が、遥かに人間的に魅力がある場合が多いです。何事も順調にいっている人は、鼻持ちならなかったり、自己中心的だったり、人間的な魅力に欠ける場合が往々にしてあるんです。

だから、何でも思ったことはやってみるべきなのです。

信用する相手には、一回身を委ねてみよう

もし、好きな彼氏に「家に遊びに来る?」って誘ってもらったのに、先のことをいろいろ考え過ぎてしまい、誘いを断ってしまったら、ひょっとすると、せっかくの縁をそこで切ってしまうかもしれません。

いったんその人のことを信頼したら、自分の力を抜いて、手を引かれるままに身を任せることです。

そこであれこれ考えてしまうと、相手に身を任せることができません。後になって後悔するくらいなら、何も考えずについて行けばいいのです。

女性は本能的に「強い男性について行きたい」という気持ちを持っていると思うんです。もし女性のあなたが強い男性に憧れるのなら、自分の考えを出していたら、そういう男性は現れません。自分の考えを無くしたときに、強い男性が現れて、あなたを引っ張って行ってくれるものなのです。

組織にしても男女にしても、リーダーは一人じゃないとうまくいきません。リーダーが二人もいると、綱引きをすることになります。役割は違ったとしても、リーダーは一人じゃないとダメです。

その人に、「もうどうなってもいい」という覚悟でついて行くか、自分が引っ張って行くか、どちらかしかありません。

もし「この人だ」と信頼したら、腹を決めてその人について行くことです。そのときには、もう自分の考えは出さないことです。

人を愛せないのは自分を愛せないから

やはり自分を愛せなければ、人を愛せません。自分自身を素晴らしいと思えて、初めて人のことも素晴らしいと思えるのです。

私は若い頃、滅茶苦茶コンプレックスがありました。「背が低い、顔がよくない、人前でしゃべれない、家が貧乏だ、学歴もない……」。二十歳くらいのとき、そんな強烈なコンプレックスを持っていました。でも、今その頃の写真を見てみたら、なかなかいい男なんですね（笑）。（どうして、こいつがそんなにモテなかったんだろう）と思いました（笑）。

それは、自分で自分のことを「ダメな男だ」と思っていたからです。だからモテなかったんですね。

今は歳をとってこんなおじさんになったのに、自分に自信が出てきたから、みんなからモテるんです。本当なら若いときの方がモテて当たり前なのにね……。

自分で勝手に思い込んでいるだけなんですね。

別れて「おめでとう」という時代が来てもいい

魂の出会いと、魂の別れというのがあるんです。

男と女は、最初はお互いの深い部分がわからないまま付き合うでしょ。結婚してもそうですよ、本当に魂の部分までお互いわかっているわけじゃない。

最初の付き合うきっかけは、見た目がイイとか、お金や財産を持っているということだったりします。

でも、深く付き合っていくと、お互いの魂までわかるようになります。そのときに、「ああ、この人は本当に魂の伴侶なんだ」と思える場合と、そうじゃないとわかる場合があります。

もし（この人は、私の魂の伴侶じゃない）ということでも、それはそれで実はおめでたいことなんです。

結婚して「おめでとう」と言うだけじゃなくて、**別れて「おめでとう」と言う時代が来てもいいかもしれません。**

なぜなら、**答えが出たということで同じ**だからです。

そこで邪魔になってくるのが情というものです。

でも、情より深い魂で答えが出たら、その情もスッと消えちゃいます。情よりも魂の方がずっと深い部分だから、そこで結論が出たら、そのときには情なんてすっ飛びます。それでいいんです、それが魂の動きだから。

情以外にもいろいろなものが判断の障害になるんだよね。

世間体が障害になる場合や地位が高いとか、年齢が上だとか、容姿だとか……。

でも、魂の世界では、そんなものは一切関係ありません。年齢も社会的地位も学歴も相手よりすべて下でも、魂のレベルでは相手より遥かに上っていうことがたくさんあるから。そうすると、付き合うのにはかなり無理が出てきます。相手に合わせて自分を抑えなければけなくなるから。

それから、お金が障害になる場合もあります。

でも、一番難しいのは子どもだよね。子どもが二人の間にいる場合など、これは永遠の課題でしょうね……。

ここでちょっと一休み

なかがき

……ということで、少しずつ楽になってきたんじゃないでしょうか。

ところで、あなたは「アセンション」という言葉を知っていますか？

「アセンション」とは、「意識次元を上昇させていく」という意味です。

飛行機で低空飛行すると、あちこちのビルにぶつかってしまうように、意識の低い人は、年中、人とトラブルを起こしていなければなりません。

でも、意識を上げていくに従って、だんだん人とぶつからなくなります。

さらに意識を上げると、ちょうどロケットが大気圏を抜けるとエンジンもいらなくなるように、がんばる必要すらなくなります。

意識を上げるというのは、愛が深く広くなるということです。

アセンションするためには、大事に持っている「拘《こだわ》り」という荷物をどんどん手放していかなければならないんですね。

「拘り」という重い荷物を放すほど体は軽くなり、上に浮いていきます。

アセンションしていくと、人とのぶつかり合いやトラブルがなくなります。悩みも、カルマも、トラウマもすべて消え去っていきます。

今まで問題だと思っていたことが、アセンションするともう問題ではなくなってしまうんです。まるで、大河の流れに乗るようにスムーズに物事が運ぶようになって、今までより遥かに楽に生きられるようになります。

また、今まで気づかなかった足もとに喜びがたくさんあることにも気づきます。

笑顔が柔らかくなり、周りの人たちも喜びに包まれるようになります。

あなたが本当に幸せになって迷惑する人は一人もいないのです。

ですから、どんどん荷物を降ろして、身軽に、軽やかになってください。

もっともっと、楽に生きることができるんです。

喜びいっぱいで人生を謳歌することができるんです。

この先読み進むごとに、握っている荷物を一つずつ手放していきましょう！

第7章

親子問題の解決は〝放つ愛〟にある

引きこもりの子どもを持つ親へ

「引きこもり」といわれる若者は、全国に五十万人いるとも百万人いるとも言われています。

私は、子どもが引きこもりになる家庭には共通しているものがあるととらえているんです。それは、親が社会的に高い地位に就いていたり、立派なことを教え諭すような立場にいることが多いということです。

そういう親を持っている子どもは、外で自分を思いっきり出せないんですね。

ある政治家の息子さんの例ですが、その息子さんは引きこもりで家から出られない状態で、あるとき、お母さんにこんなことを漏らしたそうです。

「お父さんが一軒一軒頭を下げて回っているのに、自分が友達とケンカをしたら、お父さんの票が減ってしまうよね……」と。

息子さんは、友達と対等に話ができなくなってしまったというんです。

その息子さんの潜在意識では（自分はお父さんが偉くなるための犠牲者だ……）となっているのではないでしょうか。もちろん彼に聞いてもそんなことは言わないでしょう。しかし、深い意識の中ではそうとらえているんです。子どもが親に気を遣っているんですね。

こうなると子どもは自分が邪魔で、「自分なんて消えてしまえばいい……」と思ってしまうわけで、故に自分を出せない、すると、どんどん自分自身が縮んでいってしまうんです。

たとえ親が「あなた、そんなこと考えなくていいから友達とケンカしなさい！」と言ってみたところで簡単には変われませんよね。そういう状態になっていると、自分の意志では自分をコントロールできないんです。

子どもが問題を起こしたり言動がおかしいと思い、それは子どもの問題だと、子どもをどうにかすればその子どもの問題は解決できるととらえているうちは、実は何も解決できません。子どもの周囲の人間関係（友人関係）や学校のせいにしても問題は解決しません。

親が、自分たち（親）の問題なんだととらえなければ、解決しないんです。まず、そこが出発点です。

子どもに一番影響力があって、なおかつ解決する一番の鍵を握っているのは何といっても親なんです。

しかし、**基本的には親も自分の問題は自分では解決できない**と思った方がいいんです。なぜなら、**自分の思いが今の自分を作っている**のだから、その自分の思いのままで解決策を考えたところで、自分の思いからはいつまで経っても抜け出せないからです。

子どもはその親の傘の中にいるから、全然変わりません。逆に親が心配すればするほど、子どもはますます身動きがとれなくなってしまいます。意識をすればするほど、事態はもっとひどくなるんですね。

親が倫理道徳を強要すると、子どもは引きこもりになる

よい子になろうとする子どもが、引きこもりになりやすいんです。

親が立派過ぎると、その立派なことが邪魔というか両親に合わせないといけないと、子どもはものすごく不自由になってしまうんです。

それから、宗教や倫理、道徳、哲学を一生懸命勉強している親のもとで育つ子どもも、不自由というか窮屈な感じになってしまう子が多いんです。それは、親が、自分が宗教や道徳で教わった通りのことを子どもにもはめようとするからです。子どもは子どもで「親は嘘つきだ」と思うようになります。「表では立派なこと言っているけど、本当はそんなことやってないじゃないか」と見抜いたりするわけです。そうなると、子どもは親にそっぽを向いて非行に走ったり、引きこもりになってしまうのです。

母親が幸せでいること

引きこもりのお子さんを持つご両親は、心から湧き出てくる愛で、自分の子どもに接してあげることです。「今まで『ああしろ、こうしろ』と押しつけてばかりいて、お父さんはお前の本当のよさをわかってあげてなかったね。本当にすまなかったな……」と。

子どもさんに対する深い深い愛を、そのままストレートに表現してあげることです。それが引きこもっている子どもたちにとっては最良の薬になります。

それを、親が下手な作戦を考えたところで、（結局はお父さんたちが困るからああ言っているだけじゃないか）と思われたりします。そんなことよりも、心から愛していることを全身で表現してあげること、それが一番です。

それこそ真我の心ですよ。**真我の愛は本物の愛、放つ愛だからです。執着の愛で接しているうちは、引きこもりの子どもはなかなか治りません。**

それと大切なことは、**母親が幸せでいること**です。お母さんが幸せなら、子どもは「あ、お父さんはお母さんをああいうふうに幸せにしてあげているんだ」と、それだけで楽になるんですよ。

母親の暗い心が反映して、子どもが引きこもっている場合もあります。お母さんがご主人に対して心を開いていなかったりすると、その閉ざした心が子どもにそのまま反映されるんです。すると子どもも心を閉ざしてしまいます。お母さんのご主人に対する恨みを子どもが代わりにかぶってしまっている可能性があるんですよ。それは、子どもがお母さんに代わって父親に仇を討っている格好になります。逆に、お母さんが幸せになれば、お父さんに仇を討つ必要すらなくなります。すると、引きこもる必要もなくなり、パッと治る可能性があるんですね。

これは、深い深い潜在意識の世界のことなので、いくら頭で考えてもわかりませんよ。とにかく、お母さんが最高に幸せになることです。お母さんが光になれば、闇はパッと消せるんです。

夫婦が仲良くすることが一番の特効薬

ですから、何といっても大事なことは夫婦が仲良くすること、これに勝ることはないですね。

女性は子どもが生まれると、どうしても子どもが一番になってしまいます。すると男性は、仕事が一番になってしまいます。そこから夫婦、家庭の崩壊が始まるものなんです。

夫婦が仲良くする秘訣は、奥さんは子どもがいても何よりもご主人を一番に、ご主人は何よりも奥さんを一番にすることです。そうやって夫婦が仲良くしていれば、子どもは放っておいても絶対に大丈夫なんです。子どものことを一生懸命何とかしようなんて思わなくても大丈夫です。

問題を問題と思う心がモンダイ

後は、いろいろな知恵を出してみることです。

例えば、正月なら正月の音楽を流すとか、クリスマスならジングルベルを鳴らしてあげるとか、まあ、楽しい演出を家庭でどんどんしてみることです。子どもにそんなお祭りごととか楽しいものを恋しくさせるようにしていくんです。

お母さんが歌を習って、子どもさんにも聞こえるように家で練習するのもいいですね。

要は、**いい意味で親がパッパラパーっと明るくなること**なんです。

（お母さん、気が狂ったか？）と子どもに思わせるくらい明るくなってみる、踊りながら「タンタンタン♪……」って子ども部屋に入っていくとか（笑）。（お母さんたち一体どうなっちゃったんだろう……？）と。面白いじゃない、明るくなって幸せにやっているんだから、誰にも迷惑かけてないし、何にも問題はないでしょ。もしかしたら「お母さん何があったの？」と引きこもっていた子どもが出てくるかもしれません。そうやって親の方が楽しんじゃうんですよ。「ウフフフ……」って夫婦で楽しんで、陰で笑っていればいいんです。「これ面白いわね！」って。

カラオケの機械を買って、ご夫婦でデュエットで歌うとかもいいですね。子どもは（何だろう？）って思うでしょうね。両親が楽しそうにデュエットしたらね。

親がそうやって殻を破っていくんです。**子どもの性質を変えようとするんじゃなくて、自分たちの性質を変える**んです。すると、それが子どもに伝わっていくんです。

歌でも踊りでも何でもいいんです。自分たち（親たち）が、家庭内を全く違うエネルギーにしてしまうんです。自分たちの性質を変えるんです。引きこもっている子どもに、「自分は一体何をやっていたんだろう……」って思わせちゃうんです。もう何でもいいんですよ。あんまり真面目過ぎる夫婦だと、子どもは息が詰まっちゃいますからね。

子どもが引きこもりになる家庭は、親が物事を深刻に考えてしまう性格であることが多いんです。どうでもいいようなことまで深刻に考えてしまう、その性格が問題なんですよ。問題が問題ではなくて、問題を深刻に考えるところが問題なんです。

そもそも問題なんていうものは何もありません。問題を問題と思う心が問題です。

「ああ、雨だ……どうしよう」と問題にする、晴れても「ああ、晴れた……困った」って、結局晴れても、何でも問題にする（笑）。何でも深刻に考えてしまう、そういう苦労症を治していかないといけませんよ。

また、とらえ方によって、子どもが引きこもりになって、そのことで悩んだお陰で親の方が強くなれる、というのもありますよ。だから、そう考えれば、それもまた「これでよかった」って言えますよね。

遺伝的なことも

親たちは、うつ病になったり引きこもったりしている我が子を見て、その子にとっての問題だと思っていると言いましたが、**まずはほとんどが親の問題**、そして、さらにその親の問題、つまり遺伝的な問題もあります。

ところが、ほとんどの親たちは、そのことに気づいていません。だから、親も先生も誰も解決策がみつからないんです。

〝キレる〟若者たちの「相手を蹴る」か「自分を蹴る」か

何かでムシャクシャすると自分をコントロールできなくなって奥さんに暴力を振るってしまう若い夫や、ついカッとなって親に暴力を振るってしまう〝キレる〟若者が増えたと思います。

キレて人に当たるというのは、実はうつ病の延長線上にある心の病気なんですね。ストレスやトラウマなどを自分の中に仕舞い込んだままにしていると、自分を責める気持ちになり、自分をやっつけてしまいます。自分を殴ったり蹴ったりしているのと同じです。それがうつ病です。さらにそれがひどくなり、家も出られなくなるのが引きこもりです。

逆に、自分の中に仕舞い込まないで、それを人にぶつけてしまったら、それは暴力になってしまいます。それが〝キレる〟ということです。

相手を蹴るか、自分を蹴るかの違いだけです。

〝キレる若者〟も〝うつ病の若者〟も、実は持っているエネルギーは両方とも同じなんです。

潜在意識というのは、他人と自分との区別がつかないんです。もちろん人と人の区別もつきません。

〝トラウマ〟は、まさにそれを表しています。例えば、ある女性が自分の父親のことを恨んでいたら、男性のことを悪く思ってしまうのです。小さいころに父親に暴力を振るわれたりすると、会社の男性上司にちょっと注意されただけで異常なまでに恐怖心がわいてしまうなどですね。そういう女性は、なかなかいい人と結婚できませんし、結婚してもいい夫婦関係が築けないことが多いんです。

そういうエネルギーを持っている人は、そのエネルギーの向け方を間違えないようにしなければいけません。

自分の内にそのエネルギーを向けている間は、なかなか解決しません。外に向ければ解決に向うんですが、かといって人にぶつけてしまうと、相手を傷つけてしまうからなお悪い……。自分の妻に自分のトラウマを思いっきりぶつけてしまったら、やっぱり大変なことになりますよね。奥さんも一度や二度ならまだ我慢できても、それが何度か続いたら、「もうあなたとは一緒にいられない！」と言って出て行ってしまうでしょう。そうなったら、もう本当に落ち込んでしまうでしょ。

自分をコントロールできるようになるには

自分に向けては解決しない、すなわち、自分に出してはいけません。他人にも向けてはいけません。では、どうすればいいのでしょうか？

それは、ちょうどゴミと同じです。ゴミは自分で抱えているのも、人にぶつけるのもよくないですよね。ゴミはちゃんと出すべき所に出しますよね。

それと同じで、人のいない所に出せばいいのです。

具体的には、ノート（紙）に書き出してみるのです。**自分のムシャクシャする思いをノートに書き出していくんです。私はそのノートを〝ゴミ箱〟と呼んでいますが、ノートにゴミを捨てるように、片っ端からどんどん書き殴っていく**んです。出てきたものはすべて書いていく、**もうこれ以上出ないというくらい書いて書いて書き連ねていきます。**

「バカ野郎！」

「オレは何て情けない男なんだ！」

「あの親父のお陰でオレはこんな目に遭っているんだ」

「あの男のせいで、私の心は目茶目茶になったのよ」

などなど、それこそいくらでも出てくるのではないでしょうか。

心に浮かんだものをどんどん書き出していきましょう。きれいごとを書いても意味はありません。湧き出てくる本音を片っ端からどんどんノートに思いっきりぶつけるんです。乱暴な言葉でいいんです、醜い言葉でいいんです。どんどんどんどん書き進めていって、心がスッキリと軽くなるまで続けます。できれば、さらに続けていって、**ウキウキ嬉しくなってくるところまでいけば最高**です。

書き終わったら、その書いたものは誰にも見られないように処分しましょう。シュレッダーにかけて捨てるなどすることをススメます。

もう一つの方法は、**どこか人のいない広い場所に行って、大声で心の思いを叫び続ける**というものです。海に向かってでもいいし、ビルの屋上でもいいでしょう、一人でカラオケボックスに入って歌わずに思いを叫ぶ、大声で怒鳴り散らしてみるのもいいですね。とにかく、誰もいない、誰にも聞こえない所で自分の思いを思いっきり叫ぶんです。ヘトヘトに疲れるくらい大声を出しまくるんです。そして、スッキリしたら帰ってくればいいんです。

以前は、皿をいくらでも割らせてくれるお店や、サンドバックを殴らせてくれる所がありました。そういう所で発散するのも一つです。何でもいいんです。どこか、発散できる場所を見つけておいて、発散してみましょう。

こういうことができるというのは、すごくいいことなんですよ。それができない人が、うつ病や引きこもりになっているんですから。みんな出せないでいるんです。優しいんです、真面目なんです、そんな人たちは。

ヒントは自然界にいくらでもある

実は、他の生物を見れば、そこにヒントが隠されています。

あらゆる生物は、最低限の環境さえ整えば、放っておいてもちゃんと育ちます。花は、土壌に恵まれ、太陽の光と雨さえ降れば、放っておいても時期が来たら見事な花を咲かせます。

私たちは「人間だけ特別だ」と考えがちですが、**人間も他のあらゆる生命と基本的には同じ**です。

最低限必要な環境を整えてあげれば、子どもたちは自然と伸びようとするんです。

その伸びようとする方向にちょっと手助けをしてあげるだけでいいんです。これが本当の教育です。

盆栽は、枝が伸びると人間がすぐにチョキチョキと切ってしまいます。それは、人間が思う美しさにしようとするからです。

そのような盆栽とは違い、本来、私たちのやるべきことは、必要な土と水と肥料を与えてあげたら、後は植物が自然に伸びる姿を美しさとして受け止められる心を持つことだけなんです。どんなふうに伸びても、それが自然の美なんだと受け止めることです。それ以外は、伸び過ぎて隣の家にまで迷惑をかけないようにするとか、最低限のルールだけを守ればいいんですね。

私たち人間の社会にも法律やマナーというものがありますから、子どもには、そういう最低限のことだけは教えておいて、後は、自由に伸びることを中心にするんです。

神の意志に沿うように気づかせてあげる

子どもが自由に伸びることに任せるというのは、神の意志に沿うということです。花が自然と咲くのは、神の意志に沿ってのことです。それと同じです。

人間（本人）が持って生まれたものを自然に出せるようにしてあげる、それを本人が気づかなかったら、それを気づかせてあげる、導いてあげる、手助けしてあげる、後ろからそっと押してあげる、これこそが本当の教育です。

しかし、ほとんどの親たちは、そのやり方がわからないでいます。わからないから、せっせと上からかぶせるやり方ばかりしています。

「あなたはこうしなさい」、「こうしなきゃダメ」と、親たちは子どもに強要しています。ところが、そうやって上からかぶせられると、子どもたちは折角伸びようとしても、それ以上は伸びようがないんですね。

枠から伸びないだけならまだしも、**縮んでいってしまう子どもたちがいるんです。それがうつ病だったり、引きこもりなっていってしまうんです。**

元気のいい子どもは、その枠の中にいるのが嫌になって、表に出て爆発します。それがいわゆる不良ですね。**不良というのはまだ元気があるぶん大人も接することができ、コミュニケーションをとれる可能性があります。**

子育ての基本とは……

子育ての基本を、花を咲かせることになぞらえると、ちょうどこんなふうになるでしょう。

花をきれいに咲かせるためには、太陽と土と水と肥料が必要です。

まず、子育てにとっての太陽とは、両親の夫婦仲がよいということです。これが最高のエネルギーになります。

そして、土は先祖です。先祖を大切にすれば、土壌は豊かになります。

水とは、親が自然に振る舞うことです。包み隠さず、何でも話し合えること、嘘をつかないことです。**仲のよい振りをするのではなく、正直になる**ということです。ですから、ときには家族会議をしてお互い話し合うのがいいでしょう。そうすれば、きれいな水を与えることになります。

最後に、肥料とは「褒めてあげる」ということです。**たとえ失敗しても、失敗のメリットをきちんと伝え、褒めてあげること**です。

このポイントを押さえておけば、**後は放っておいても、子どもは立派に育つでしょう。**

解決の鍵は〝放つ愛〟にある

基本的に子育てなどのこのような問題を解決できるのは、愛しかないんです。ただし、愛にも「執着の愛」と「放つ愛」があります。ここで必要なのは、「放つ愛」です。

執着の愛は、「この子は私の子なんだから」と、自分のほうに取り込もうとする愛です。

放つ愛というのは、まるで太陽が光や暖かさを全体にパアーッと与えてくれるような愛のことです。放つ愛のもとでの子どもたちは、その光や暖かさの中で自由に飛び回ることができます。そういう姿が一番の理想ですね。

以前、こんなことがありました。

念力を何十年も教えているある女性がいたのですが、その女性は、大変自分の念力に自信を持っているんですね。ところが、あのアメリカでの同時多発テロの事件があった後、その念力のことで私の所に相談にやって来たんです。

「うちの娘が、ジェット機がビルにぶつかった映像を見ると、発作を起こすんです。あれ以来怖いものを見ると、何を見ても発作を起こすんです。念力で治そうとするんですけど、効果があるのはそのときだけで、結局は全然治りません。一体どうしたらいいんでしょうか?」

私はこう答えました。

「お母さん、そんなことをやっちゃダメですよ。念力なんていうのは薬みたいなものので、効果があるのはそのときだけですから。それに、それじゃあ、お母さんがいなくなったら困るでしょ。お母さんの念力が子どもをそういうふうにさせたんですよ。お母さんの念が強過ぎるから、その念の力で子どもは動けなくなっちゃうんですよ」

私はさらに続けてこうも言いました。

「たぶん、あなたとご主人の関係が、あまりうまくいってないんじゃないですか？」

最初、本人は否定していましたが、それでも突っ込んで聞いてみると、案の定その通りでした。


夫婦仲が悪いと、子どもはちょうど両方から綱引きにあっているような状況になります。お父さんかお母さんか、どっちのご機嫌をとろうか、どっちに行っていいのかわからなくて、ものすごく心が不安定になるんですね。そんな不安定な心の状態だから、何か怖いものを見ると異常に怖がるんです。

夫婦仲がよければ、お父さんの方にくっついてもお母さんも喜んでくれるし、お母さんの方にべったりしてもお父さんも喜んでくれます。それなら、子どもは何も心配する必要がありません。

ところが「お父さんの所に行っちゃダメ！」「お母さんの所には行くな！」という両親それぞれの思いを感じていたら、子どもは不安定になってしまいますよね。

だから私は、こう彼女に言いました。

「念力じゃダメですよ。愛力じゃないと。お母さんの手の中で育てようという思いを手放して、ただ太陽のように愛を放ってあげるんです」

その後しばらくして、彼女からＦＡＸが送られて来ました。

「あれから主人と何度も話し合ったりしました。娘に発作が起こったときには、念力を使わずに『大丈夫よ』と言って優しく抱きしめてあげるようにしました。そうやっているうちに、すっかり娘の発作は治ってしまいました。本当に先生、ありがとうございました。私は何十年も何をやって来たんでしょう」

愛のパワーです。念のパワーではありません。

念のパワーは「子どもにはこうなって欲しい、ああなって欲しい」と強く願うものです。ですから、それはやめて、ただただ、太陽が光や熱を地球に与えてくれる、放っているように、愛を放つのです。

はみ出したときこそ褒めてあげる

何度も言いますが子どもに対して、「こうなって欲しい」という型にはめてはダメなんです。そういう思いを捨てなければいけません。極端なことを言えば「どうなってもいい。ホームレスになってもいい」くらいの気持ちを子どもに持つことです。

そして、失敗したりはみ出したりしたときこそ褒めてあげるくらいの方がいいんです。**失敗したときにこそ得られることがあるんだ**ということを、そこで強調してあげるんです。

「それくらいの方がいいのよ。それくらいでなきゃ！」「失敗したの。ああ、それはいいじゃない。いい経験したじゃない」って言ってあげることです。お利口さんだったら「もうちょっと羽目外してやったほうがいいんじゃない」と言ってあげるくらいがちょうどいいんです。

はみ出すことがいいんですよ、**枠にはめていてはダメ**なんです。

しかし、ほとんどの親たちは、失敗させないことばかり考えています。そして、失敗したら叱ってしまいます。やっていることがまるで反対なんですね。

よくも悪くも、親は子どもが生まれた後もまだ胎教が続いているんだと思って間違いありません。ずっと胎教なんです。たとえ子どもが外国に行っても胎教は続いているんです。まだお腹の中にいて、自分の思いが全部通じていると思ったらいいんです。子どもは絶対に親の元からは逃げられないんですから。

親が子どもに強い願いを持てば持つほど、子どもは不自由になっていきます。願いを持つのではなくて、放しながら喜んであげることです。

私の母親はとても気性の激しい人で、私なんて、もう年がら年中ほうきを持って追いかけ回されていました。それでも、私が新聞配達のアルバイトをして、初めて自分の稼いだお金でテープレコーダーを買ったときには、そのことをえらく喜んでくれて、「コレ、うちの康行が買ったんだよ！」と隣り近所のみんなに自慢して回りました。そりゃ嬉しいけど、何かもうこっちが恥ずかしくなるくらいでした。でも、そういうふうにして、ちょっといいことがあったら褒めてあげたり、認めてあげたり、一緒になって喜んであげると、子どもはどんどん元気になっていくものなんですよ。

ところが、親たちのほとんどは子どもに対して願いを持ってしまいます。それは、今までの宗教や社会の影響もあるかもしれません。宗教というのは、みんな願いを持たせますから。その願いを親たちはそのまま子どもに向けているんじゃないでしょうか。

生命の世界は、こうなってほしいという具体的な願いを持ってはダメなんです。子どもが伸びようとする方向に、ちょいちょいと手助けをしてあげるだけ、それだけでいいんです。

第8章

夫婦問題は「これでよかった」と言うとぐんと変わる

もう一度、悩みを一瞬で消そう！

夫婦仲で問題を抱えている奥さんは、よく「主人がよくならないと（変わらないと）、私は幸せになれない」と言います。逆に、ご主人が奥さんに対して「性格とか、言い方とか、態度を変えてほしい」と言ったりしますよね。夫も妻もどちらも相手に対してそう思い込んでいる場合があります。でも実はそうではないんですよ。

私は、例えば奥さんには、「私は幸せなの」って、先に自分（奥さん）が幸せになればいいと伝えています。なぜなら、その「私は幸せ」が、ご主人に移っていくからです。結局、どちらが先に幸せでもいいんですよ。

夫であろうと妻であろうと、どちらかが私のところに相談に来られたら、「相手ではなくて、あなたが幸せになればいいんです」と私は伝えます。

もし奥さんが、「彼が幸せじゃないと、私は幸せじゃない」と言っちゃうと、彼は彼で（彼女が幸せそうじゃない）って、お互いにマイナスを言い合っている感じにもなります。彼は、（なんで彼女は暗い顔してるんだろう……）って思うでしょ、でもその原因は、彼女が自分を見て暗い顔をしているからですか……？（笑）

そんなときは、とにかくしばらくは、「これでよかったんだ！」と、口に出して言ってみるといいんです。**何にもわからなくても、最初に、もういきなり「これでよかったんだ！」って言うんです。**

「あ、これでよかったんだ！」

いいか悪いか、わからないけど「よかったんだ！」って言うわけです。そして、**後からその「よかったんだ」のよかったことを探せばいい**んです。この「これでよかったんだ！」を何回か言っているうちに、そういう考えしか出てこなくなります。これは本当です。もし、嘘だと思うなら、ぜひお試しください。お金も何もかかりません、とにかく何かある度に「これでよかったんだ！」と口にするんです。すると、不思議と「これでよかった」ことが出てきますよ。ですから、**何かあれば「これでよかったんだ！」で、いきましょう。**

「これでよかったんだ」と口にして、本当にそう思えたらその瞬間、幸せになります、それが黄金なんですよ、黄金そのものです。

決してどこかに探しに行って見つけるものが黄金じゃない、（悪い）と思われることも（これでよかったんだ）と思ったら、その**（悪い）と思われることもパッと一瞬のうちに黄金に変わります。**もう魔法ですよ、パッと変わるためのね。

「本当はりんごを食べたかったのに、なんだ、みかんか……」と思っても、（あ、これでよかったんだ）って、パッと思ったら、もうみかんでいいじゃない、それ以上何もないじゃないですか。それをいつまでも「りんごだったらよかったのに……」とかやっていたら……、せっかく美味しいみかんを食べても全然美味しくないでしょう。

これからしばらくは「これでよかった！」と言うことを夫婦で口ぐせにするんです。だんだん慣れてきたら、「何がいいの？」ってお互いに質問して訓練すればいいんですよ。「うん。〇〇ということでよかったのよ」って答えるようにすると、身につく訓練にもなるでしょ、それを習慣にできたら本当に変わりますよ。

例えば、彼が落ち込んだとして、彼女が「よかったじゃない」と言ってあげるわけです。「よかったじゃない。あなた、必要だったのよ。そういう自分がいたっていうことがわかったからよかったじゃない」と。「職場でそうなる前に、家でそうなったんだからよかったじゃない」とかね……。

その理由は言ってからゆっくり考えればいいんです。とにかく「よかった！」。これなら一瞬でしょ。一瞬でできますよ、慣れるとこれ**一瞬で悩んでいたことが消えるんです。**

後になって「よかった」と思えても、それまでクヨクヨしていたらその間が無駄な時間になっちゃいます。だからまっ先に「これでよかったんだ」ってやってしまうんです。とにかく先回しでです、映画のシーン、フィルムを先回しして見ちゃう感じです。

絶対に後になって「あれでよかったんだ」って思うんだから、先に思っちゃったほうがいいんです。そうすると、後から「ああ、そういうことだったのか！」ってわかりますから。本当ですよ。

そして、この「後からわかること」が大事なんです。なぜよかったのかということをしっかり追求していくんです。「これでよかったんだ！」と言いながら後で追求する、これが大事です。「これでよかった」と言ってただ安心してしまうと、解決したような気分だけになって、それでは、せっかく習慣づいてもあまり成長がありません。

そうではなく、**なぜそういうことが起こったのか、自分に何を教え**

てくれているのかを深く追求していきながら、「これでよかったんだ」と言うようにするんです。そうしたときに、本当に深みのある人間に成長できるのです。ここまでできるようになったら、人間的に、本当に素晴らしくなりますよ。

親子関係と夫婦関係は密接につながっている

結婚しても、ご主人のことを心から受け入れられない女性の多くは、その奥さんが自分の父親との関係でトラウマを持っていることが多いんです。

例えば、自分の父親のことを「ダメなお父さんだ」と思っていると、ご主人に対してもお父さんと同じように見えてしまうんです。奥さんご本人がそう意識していなくても、潜在意識でそのようにとらえてしまっていたりします。小さいときに父親に暴力を振るわれていたりすると、ご主人に対して過度に怯えてしまったり、うまく関係が築けなかったりするわけです。

そういう女性の場合、本当は、ご主人との関係を修復する前に、お父さんとの関係を修復しなければならないんです。

セックスレスの夫婦へ

セックスをあまりしない夫婦が増えているようです。夫の方が求めても奥さんが受け入れてくれないというケースと、奥さんが求めてもご主人にその気が起きないというケースの両方があります。

ある三十代の男性が、こんなことを言っていました。

「なかなか女房が誘いに乗ってこないので、そろそろ今晩あたりと思って、『今晩はやろうよ』って言ったんですけど、夜になると結局、『今日は仕事で疲れたから』とか『もう眠いから、明日ね』とか何とか言い訳ばかりされて、全然やらせてもらえないんです……」

夫婦のセックスレスにもいろいろな原因があると思いますが、この男性の場合は、そもそも女性の気持ちをわかっていないように思われます。なぜなら、「今晩やろうよ」と言われても、契約じゃないんですから女性もその気になんてなりませんよね。あまりにも、不自然です。たとえ長年付き沿った夫婦でも、そこは違うと思いますよ。

「ああ、そういう言い方がいけないんですね」と、私のアドバイスに彼は頷いて答えました。私が言いたかったのは、その言葉だけの問題じゃないんです。彼のその一言に、その彼の性格がすべて表れているんです。一時が万事だと思ったらいいんです。

一本の木には、梨とりんごは一緒にはなっていないんです。同じ木のこちらの枝に梨があったら、向こうの枝にも全部梨しかなっていないでしょ。

要するに、自分中心で、奥さんの気持ちをあまり考えていないんですね。だから、そんな発言になってしまうんです。それが生活のいろいろな面で出ているんでしょう。そうすると、奥さんもなかなか彼のことを受け入れにくくなってしまうわけです。セックスを拒絶するようになっても不思議ではありません。

それと、夫婦なのに「今日やろうよ」と言わなければならないということは、そこに何か見えない壁があるんでしょうね。

この男性の場合は、新婚の頃はそうではなかったと聞いていますので、ときが経つにつれ壁ができてしまったのかもしれません。そういうこともあるんです。

おそらく、奥さんの心の奥には、彼に対して何か言いたいことがあるのでしょう。

男性の性と女性の性は違うんですね。だから、そのことも理解しておいたほうがいいと思います。

男は、体に触れなくても、写真やビデオを見ただけでもその気になりますよね。でも、女性の場合は、タッチされてからその気になるというところがあるみたいです。だから、上手にタッチをしてあげることも大切なことなんですね。

といっても、基本は愛です。本当の愛があれば、そういう悩みもなくなるはずですよ。何か夫婦間に壁があるというのは、愛が十分じゃないからだと思った方がいいんです。奥さんが「夫に愛されていない」と、どこかで思っている可能性もありますからね。そうすると、奥さんはセックスに抵抗を示すでしょう。

子どもができないと悩んでいる人へ

「結婚してもう五年になるのですが、まだ子どもができません。何か原因があるのでしょうか？」

子どもができない場合、いろいろな原因が考えられますが、一つには、お互いがものすごくカルマをたくさん抱えていると、子孫を残さない方がよいという働きが作用する場合もあるんですね。

すべては愛でできているのですから、ましてや子どもは愛の結晶そのものでしょ。だから、カルマをきれいに掃除していけば、夫婦はさらに仲良くなるし、二人で一つという気持ちになっていくから、そのときに子どもを授かるかもしれませんよ。夫婦が一つになった結晶体が子どもだからです。

この世に愛で解決できないものは、何一つとしてありません。本当に真我に目覚めていって、夫婦が心から一つになられることが一番ですね。

跡取りがいなくなることに心配している人へ

先日、ある女性がこんな悩みを私に持ちかけてきました。

「一人娘が嫁に行ってしまうと、家やお墓を守る人がいなくなってしまうから、とても心配なんです……」

たった一人の娘さんが、もうすぐ遠くにお嫁に行ってしまう、すると、先祖代々受け継がれてきた家やお墓が守られなくなると思って、気が気ではないと……。

その方が心配されるお気持ちは、私にもわかります。

そのような問題を解決する方法は、一つしかないんですね。

それは、「先祖代々の家系を引き継ぐんだ」という意識を超えて、「魂を引き継いでもらう」という深い次元の意識を持つということです。

魂の世界は、家系などよりずっとずっと深いところでつながっている世界です。名前が変わろうが、遠くにお嫁に行こうが、あなたの魂というのは永遠に子孫に引き継がれて残っていくんです。

ですから、まずその事実をしっかりと知ることです。

今までは、結婚するというと「家と家の結び付きだ」と考えられたりしていますが、それよりも「魂の結び付きだ」ととらえれば、もっともっと幸せな結び付きだということがわかるでしょう。

魂の結び付きで結婚したととらえると、それは家系よりもずっとずっと深いつながりになりますよね。家系のことなどで心配であれば、魂の世界で娘さんの幸せを願ってあげるのです。そうすれば、心配はいりません。**魂は永遠に引き継がれる**のですから。

そして、お墓の問題は、これを機会に両家で十分相談をして、近くに置くとか、一緒にお参りしてもらうとか、いろいろと考えればいいと思いますよ。相談すればさらに結び付きも強くなるでしょうし、方法はいろいろと出てくるはずです。

親の死の悲しみを乗り越えるには

今までずっと心の支えになっていた愛する肉親を亡くすことほど、この世でつらいことはありません。誰もが深い深い悲しみに包まれることでしょう。

では、愛する人との死別の悲しみから逃れる方法が、果たしてあるのでしょうか？

あるのです、その究極の方法が。

例えば、最愛のお母さんを亡くしたとします。

そのとき、お母さんが亡くなったということを「お母さんが消えた」と普通はとらえると思います。実は、そういう感覚でいるから苦しいんですね。

お母さんを肉体ととらえるのではなく、**お母さんを「愛」ととらえる**のです。そうすると、肉体がなくなっても、お母さんの愛は自分の中にあるわけですから、「お母さんは本当は生きているんだ！」ということに気づくことができるんです。

お母さんを「愛」ととらえると、お母さんは、**むしろ生きているとき以上に、あなたを支えてくれている**ということがわかってきます。なぜなら、生きているときには、失言もあったでしょうし、肉体があるが故に不便も多かったじゃないですか。しかし、肉体が滅びれば、後は愛だけが残りますね。ですから、生きているとき以上に、あなたの大きな支えになってくれるのです。

生きているときでも、遠くに離れていたら亡くなってあの世に逝ったのと、心の支えという意味では同じですよね。

真我を本当に体感したら、お母さんは生きているんだということが、はっきりと自分の中でわかるようになりますよ。そうしたら、**見違えるくらいに楽になります。**死んで無くなってしまったと思うのと、今でもずっと支えてくれていると思えるのとでは全然違いますから。

ましてや、母の愛のパワーはとても大きいですから、それを失ったと思ってしまうと、精神的に危険な状態に陥る可能性もあるんです。

肉体だけを存在だととらえると、そうなってしまうのです。しかし、真我を存在としてとらえると、その意味では、生きていようが死んでいようが関係なくなります。

真我は、、同じ命でも永遠の命のことを言うんです。**永遠の命、全体の命、すべてとつながっている命のことです。それを体感することができたら、腹の底から猛烈に元気が出てきますよ。**

天国から元気のない子どもの顔を見たら、お母さんだってやはり悲しいじゃないですか。あなたに元気がないと、そのことが親不幸ということになってしまうんです。親は子どもが幸せになることを一番望んでいるのですから。その意味でも、自分が輝いて明るく生きていることが、最大の親孝行なんです。

第9章

病気は治るように体はつくられている

病気は心の現れ

癌などの体を蝕む病気になるというのは、心の法則からいうと、心で（潜在意識も含めて）思ったことが体に（現象として）現れたということなのです。不調和の心をどこかに持っていたから病気になったと、ただそれだけです。

神の法則は、心の法則とは全く違います。これは、永遠、不変の法則です。

ですから、**病気はあくまでも自分でつくったものであって、神がつくったものではない**んです。

そもそも、神から見れば、病気自体存在していません。

あなたが寝ているときに見る「夢」が実在しないのと同じです。ですから、私は本来、病気というものはないととらえています。

寝ているときに見る夢は、目が覚めたらどこにもないじゃないですか。でも、夢を見ているときには、その世界があると思ってしまっていますよね。

私たちは、寝ているときに見る夢、またはその夢の中にしかないものを（ある）と思っているに過ぎないということです。私たちの肉眼では、あるように見えるからです。

どうして病気で苦しまなければならないのか？

「神様は、どうして私をこんなにも病気で苦しませるんでしょうか？」

そんなふうに嘆く人がいます。

でも、そういう人は、**神を自分の都合だけの神にしているん**です。

究極の神は自由なんです。自由ですから、人間に病気になる自由も与えているんです。さらには、人類が滅亡する自由も与えているわけですよ。私たちは、**神か**

ら全部の自由を与えられているんです。

何度も繰り返しますが、神が病気をつくったわけではなくて、自分の思っていることや行動が不調和を起こして、その結果病気になっただけ、**自分の心の現れが病気**なんです。

何もしないうちから、「こうしなさい」「ああしなさい」と言われるよりも、失敗する自由も与えられている方が愛を感じませんか？　そういう愛の方が、より大きな愛だと思いませんか？

私たちは、失敗する（不調和になる）自由さえも神から与えられているんです。

もっと大きくとらえるならば、「なぜ、神様は病気で私（自分）を苦しませんるのか？」という問いは、「なぜ、神様は、人間を死なせるのか？」という疑問と同じですよね。そこをさらに深く考えると、人類はある時期が来たら、この地球上にはいられない仕組みを与えられているのかもしれないのです。

恐竜が滅亡して今の人類の世界が構築されてきたんですから、人類も恐竜と同じだと思えばいいんです。人類に代わって、何か別の生物が地球上に現れるかもしれません。そういう仕組み、運命になっている可能性もあるんです。みんな自分の都合だけで神を解釈しているけれど、人類は滅亡する方向に向かっているのかもしれないのですよ。そしてそれが、地球や宇宙の全体から見れば、神の仕組みとして完璧なのかもしれないのです。

「真我」は内なる神であり、永遠の命、死なない命です。肉体が病気になろうが、真我は一切病気になりません。肉体が死んでも真我は決して死なないのです。真我は完璧なる永遠の命なんです。そういう命が、内なる神として私たちの中にはあるんです。

病気になったり、死があったりするのは、肉体の世界だけの話です。

宇宙の法則は〝元に戻ろう〟とする働きだ

では、宇宙の法則（あるいは、これを「神」としてもいいのですが）が、どういう働きかというと、それは元に戻ろうという働きなのです。

川は流れて海に戻ろうとします。地震を天災と言いますが、天災ではありません。地盤がズレて戻ろうとしているだけなんです。

ここに振り子があります。揺れているこの振り子の先のオモリを私の手でつかんでいると、そのまま振り子は止まります。そして手を放すと、またオモリはブラブラ揺れ始めます。その揺れる力、それが宇宙の力、神の力です。

でも、つかんでいるときは、私の力が宇宙の力に勝っています。だから、私たちは宇宙の法則、神の力を無視することもできるということです。

何歳まで生きるという神から与えられた寿命があっても、それを無視して窓から飛び降りて死ぬこともできるということです。

私たちが病気になるのは、発症するまでの心に原因があります。その心を持ったままで生活しているから病気になるんです。ということは、その心を改善しない限りは、根本的には治癒しないということです。薬を飲んだり手術をしていったん治したとしても、また再発したり、別の形で現れたりするのです。

宇宙の働き（法則）、神の力とは、その病気を治そうという働きです。ウィルスが体に入ると、白血球が働いて何とかその病気を治そうとしますよね。軽い怪我くらいなら黙っていても治ります。

だから、本当は、たとえ癌になろうが治るはずなんです。

では、なぜ治らないでそのまま死んでいくかのかというと、「私は病気です。大変です」と**思い込んで病気を自分の手で掴んでいるから**なのです。**放せば元に戻るんですよ。**

思いを手放すには……

では、どうしたら、「放す」ことができるのでしょうか？
人間は、何でも一度持つと、なかなか手放すことができないでしょ。

それを手放させるコツがあるんです！

あなたが両手で一万円札を大切に握り締めているとします。
そのときに、別に一千万円の札束を用意して「これをあなたにあげます」と言ったらどうしますか？　大切に握り締めていた一万円札を手放して、一千万円の札束の方をつかむでしょ。ほとんど誰もがそうするでしょ。だって、両手がふさがっていたら、一千万円をつかむことができないからね。

そういうことなんです。

自分がつかんで放さないものよりも、よりよいものが出たら握っていたものを放せるわけです。つかんでいたものをパッと放して、よりよいものをつかもうとするというね。そのよりよいものが、自分の中から出てきたらどうですか、いいでしょ。自分の中から、最高の喜びと愛が溢れてきたら、「病気で大変だ」とか「心配だ」という心を手放せるんですよ。本当です。「手放しなさい！」とただ言ってもなかなか持ってるものを手放さない、どうしてもそれに執着しているからなかなか手放すなんて無理なんです。代わりがないとダメなんですね。その**代わりのものが、自分の中から出てきたときには、パッと手放すことができるんです。**

真我の心が出てきたら、今までの考え方や思いを手放すことができるんです。そうすると、元に戻って修復する力が働いてくるんです。愛の遺伝子がオンになります。そして病気でもなんでも自動的に治してくれるわけですね。

重い病気も軽い病気も、実は同じです。振り子は、小さいから振れるけど大きいと振れないということはないでしょ。どちらも同じです。私たちが勝手に大きい病気は治りづらいと思い込んでいるから治らないだけです。治りづらいという思いが実現しているだけなんです。

私が言っているのは、単なる思いが実現するという世界じゃないんですよ。「思いが実現する」というのは、「横の法則」っていうんです。因果の法則です。確かに思ったことが実現するんです。

しかし、私が伝えているのは、「横の法則」ではなく「縦の法則」です。自分の心が、本当に真我の愛、神の愛に目覚めたら、**今までとは全く発想が変わるんです。**心が変わるから行動も変わる、出会う人も変わります。**一瞬にして世界が一変してしまいます。**そして、宇宙、神が自動的に働いてくれるんです。**宇宙の法則とは、本来の自分に戻ろうという働き**です。そうなれば、すべてが自動的に調和します。

そのためには、真我に目覚めることなんですね。

宇宙の法則も全部自分です。すべてが宇宙、すべてが法則、すべてが神、すべてが神そのもの、愛そのものです。そして、**すべてが一つ**であるから、誰と戦うこともなくなります。

そうなれば、本当に素晴らしい人生を送ることができるし、素晴らしい社会に変えることができるんです。それを私は真我開発講座を通じて日々実証しているわけです。

病気を治したかったら

あなたが今、病気と闘っていて、その病気を何とか治したいと思っているのならば、次のようなことをおススメします。

ノートに、「なぜ自分は病気になったのか」その原因を書いていくのです。

病気になったのは、何か必ず原因があるはずです。その原因と思われるものを、百項目でも、千項目でもとにかく思いつく限り書き出していくんです。延々と書き続けていきます。

「これが原因に違いない」と思うものが出てきても、一晩寝たらまた違った原因が思い浮かぶかもしれません。ですから、（こんなところだろう……）と勝手に決めないで、毎日何ページでも書き続けるんです。入院していたら入院している間中、書き続けてください。例えば「一日十項目」とか「一日一ページ」というように自分でノルマを作って、何が何でもとにかく書き出していきましょう。

その作業に行き詰まって、なかなか出てこなくなったら、身内や友人に聞いてみてもいいです。そこから何かヒントが生まれてくるかもしれません。その原因は自分だけではなく、親や他人にあるかもしれません。「親のせいにしちゃいけないんじゃないか」とか、この際は一切考える必要はありません。とにかくどんなことでも、原因らしきことが浮かんだら、どんどん遠慮せず書いていきましょう。

その代わり、そのノートは誰にも見られないように秘密のノートにしておいてください。

出てきたことに対して、反省する必要はありません。反省すると心が暗くなってしまい、その暗い心の悪影響を受ける可能性があるからです。なぜ病気になったのか、そのことだけに絞って、ただひたすら原因と思われることを書いていけばいいんです。これは、**事実をただ見ていくという作業**です。

そして、出し尽くしたところで「本当に自分の病気の原因はこれなんだろうか？」と検証していくのです。

これをやり続けていると、思いもよらない原因に突き当たるかもしれません。そして、その作業をやっているだけで病気はいつの間にか消えていくかもしれませんよ。

神が与えてくれたものを書き出す

他にも方法があります。

それは、**「自分に与えられているもの」**を書き込んでいくという作業です。

たとえ今、重い病気で悩まされていたとしても、そんなあなたに神様が与えてくれているものがたくさんあるはずなんです。それを探して（書いて）いくのです。

もし右腕をなくしても「左腕が与えられている」と書くことができるでしょう。親はいないけど「まだ女房がいる」「可愛い子どもだっている」。そして、「言葉だって話せる」「本も読める」「ゆっくりだけど歩くことができる」「ご飯を味わうこともできる」「見舞いに来てくれる友人だっている」「帰れば家だってある」「日本に住んでいる」「まだ生きている」……。そうやって、自分に与えられているものをどんどん書いていくのです。

そうすると、きっとたくさんのものが天から与えられていることに感謝できるはずです。


さらには、自分に与えられている長所も書いていくといいでしょう。

「思いやりがある」「笑顔がいい」「教養がある」「人を勇気づけることができる」「人を和ませることができる」等々、これもできるだけたくさん書き続けましょう。


自分の長所だけではありません。あなたの周りにいる人たちの長所も書き込んでいきましょう。お見舞いに来てくれる人がいたら、その人の長所をできるだけたくさん書いてみましょう。

「そこにいるだけで癒される」「いつも気が利く」「無口だけど心が温かい」「いざというときに頼れる人物だ」「よく話を聞いてくれる」等々、どんな些細なことでも気づいたことをどんどん書いていくんです。

すると、必ず、あなたの中の何かが化学変化を起こし始めます。本当です。ぜひやってみてください。

第10章

あなたは今、どこにいますか？

「あなたは今、どこにいますか？」

「あなたは今、どこにいますか？」

と聞いたら、何と答えますか？


「自分の家」「本当ですか？」

「いや違った、東京の新宿にいます」「本当ですか？　新宿にいるんですか？」

「あ！　いいえ、東京にいます」「本当に東京にいるんですか？」

「あ、違った、違った！　日本にいます」「え、日本にいるんですか？」

「いや、違う、ここは地球だ、地球にいるわ！」「本当に地球ですか？」

「いや、宇宙にいるんだわ！」


どの答えも間違っているとは言いません。

しかし、この中でどれが一番正しい答えだと言えますか？

それは、

「宇宙にいる」というのが、一番正しいですよね。

「家にいる」というのは、そこしか見ていませんね。どうしても、自分の見える範囲のことでしかすぐ判断して言えないからでしょうか。「東京にいます」といっても、一体どこからどこまでのことでしょうか。空から見ても、どこにも境界線なんてありませんし……。

よく考えると、「宇宙にいる」というのが、一番正しいわけです。

「ここにいます」というのは、「宇宙にいます」ということなんです。

私たちは宇宙に所属しているのだから、宇宙の法律に従わなければダメですよね。日本にいたら日本の法律に従わないといけないんですから、それと同じです。**その宇宙の法律というのが、宇宙の絶対法則です**ね。

私がこれまで、また現在も行っていることは、一人一人に直接宇宙の法則とつながっていただくということです。

言い換えれば、神になっていただくということなんです。

それはいくら頭で考えても、勉強しても、永遠に無理です。

真我という「本当の自分」に目覚めたとき、この宇宙の法則と完全につながります。もともと私たちはそうできているからです。

この命というものは、宇宙の法則によって動かされているんです。心臓の鼓動も、血液を毛細血管の隅々にまで運ぶことも、食べたものが自動的に消化吸収される働きも、すべて宇宙の法則そのものなんです。私たちが意識して動かしているものではないんです。

そういう生命という自分、大いなる自分がいるんです。それを悟っていくということです。それを体感していく、体現していくのです。

そのことを悟れば、すべてと一つになります。

そして、すべてと一つなんだということに目覚めた人たちが世界中に増えていったら、この世から戦争や争いはなくなります。なぜならば、あなたと私は一つであり、あなたをいじめることは、自分をいじめることになるからです。

どこかの国で公害が起きたら、地球は一つですから地球全体に悪影響を及ぼしますよね。ニューヨークのテロ事件では、世界中が影響を受けましたよね。

みんなつながっているんだということを、私たちはそろそろ自覚しないといけません。その時期に来ていると思うんです。

今まで通り、人間が頭で考えることが絶対だと思っていたら、地球環境はどんどん破壊されていくでしょう。温暖化、砂漠化、酸性雨、オゾン層の破壊、新種の病気、戦争……あらゆるものが私たちに悪い形で戻ってきます。その行き着く先は、まずいことになるでしょう。

私たちが地球に末永くいるためには、宇宙の法則に従わなければいけないと思いませんか。

私たち個人個人も同じです。

法則に従っていけば長生きできます。法則に逆らっていったら、不調和になって人とぶつかり合ったり、心にカルマが溜まり病気になりやすくなるのです。

人生とは？

「人生とは一体何ですか？」

この問いに対する私の答えはシンプルで明瞭です。

「人生とは、本当の自分に目覚めて、本当の自分で生き切ること」です。

第一章でも触れましたが、孔子は〝朝《あした》に道を聞かば夕べに死すとも可なり〟と言いました。私はこの言葉を、自分の生きる目的がはっきりしたなら今晩死んでもいい、と解釈しています。自分の天命を知ったならもう死んでもいい、つまり天命とは、命と同じくらい価値の高いもの、その天命、生きる目的とは、本当の自分に目覚めることです。本当の自分に目覚めることが、人間にとって最も大切だと教えていると思っています。

「本当の自分で生き切る」ということは、あのインド独立の父である英雄、ガンジーが教えてくれます。ガンジーは「自分の考えが本当に正しいと思ったら、たとえ死んでもその道を行きなさい」と。「たとえ死んでも行きなさい」と言うのです。それは、何があっても揺るがないということですね。

私も、今はもう絶対に揺るぎません。世界中の全員が私の使命に反対したとしても揺るぎません。一切微動だにしません。それくらい自分の使命に対して自信を持っています。揺るがないというのが、最も強いんですよ。

私は揺るぎませんが、誰よりも素直でいます。なぜなら、私がやっていることは真理の追究だからです。揺るがないと言っても、我を張っているだけでは意味がありませんから。間違った宗教を追究している人は我を張る傾向が強いようです。揺るがないことが我を張ることにつながってしまっているようです。すると、他を認めなくなります。

何が真実かを追究しているのなら、我を張っていてはいけません。

私は、たとえ小学生に「おじちゃんの言っていること違うんじゃない。本当はこうじゃない」って言われて、本当にそちらが真実だとわかったら、一瞬で考えを修正しますよ。「おっ、いいこと言うねえ。おじちゃんが間違っていた。ボクの方が正しいよ」って一瞬で言えます。そのようにいつでも変えられるんです。

そんな**素直さと揺るがないもの、その両方を持ち合わせることが大事**なんです。

私は絶対に意地を張るつもりはないんです。相手の方が上手だと思ったら、すぐに兜を脱ぐでしょう。「ああ、あなたのおっしゃる通りでした。いまから変えます」と、もしそういう人が現れたら、必ずそう言うでしょう。

我を通すということは、以前、レストランチェーンの経営をやっていたころに、その事業経営でイヤというほどやってきました。でも、これからの私の人生は、真理の追究なんです。私の我を通すことではありません。

私が言ったとか、誰が言ったとかは関係ないんです。何が真実なのか、そこだけがポイントです。誰の考えがどうだとか、長年信じていたからどうだとかは一切関係ないんです。それは、ただ思い込んでいただけかもしれないからですよ。

昔の人は、ずっと、地球が平らで、地球の周りを太陽や星が回っていると思い込んでいたけれど、真実は違いますよね。地球は平らではなく丸くて、地球が自転して（回って）、さらに太陽の周りを回っていますよね。

地球が回っているんだ、太陽の周りを回っているんだという真実がわかったら、一瞬でパッと変えないといけないということです。それが真理なんだから。そこで意地を張ったって、何の意味もないことです。要は、何が真理なのかの追究なんですから。

人間とは？

「人間とは何ですか？」

そう聞かれたら、私はこう答えます。

「人間とは、宇宙であり、神である」

一言で言うならそうなります。

自分は自分であって、自分じゃないんです。

自分を自分と思っているのは、あなたの頭、つまり人間の脳です。その脳をつくったのは自分じゃないですよね。

死とは？

では、死とは何でしょうか？

「死とは生」です。

死というのは、生きるということです。

私たちは、今生きているといっても、「本当の自分」「真我」では生きていません。

本当の自分で生きていないということは、逆に言えば、死んでいるということなんです。

反対に、死ぬことによって、我が外れて宇宙に戻るのですから、それこそが生きるということなんです。

つまり、生きていることが死んでいることであり、死ぬことが生きることなんです。

本当の「生きる」というのは、宇宙のこと、神のことを言うのです。だから、肉体が滅んで神に戻るのだから、生きるということなんです。このことを本当に体でわかったら、死に対する恐怖がなくなります。

すると、逆にこの肉体は長生きできるようになるんです。

真我開発のすすめ

私は、現在「真我開発講座」という講座を主宰しています。

それは、「本当の自分」「真我」を〝頭に教える〟のではなくて、あなたの中から〝引き出していく〟という講座です。だから私は、言わば産婆さんの役をしているわけです。

「真我を開けば解決しますよ」と伝えてきましたが、では一体、「真我を開発する」とはどういうことなのか？　そのことについて、これから触れていきたいと思います。

そのためには、まず、人間の心の構造を理解してもらう必要がありますから、その話から始めましょう。

人間の心とは大きく二つに分かれます。それはプラスの心とマイナスの心です。プラスは愛、マイナスは恐怖、すべては、愛か恐怖で動いています。人間だけではなく他の動物も同じです。子どもを守ろうとする愛で動くか、敵から襲われる恐怖から身を守ろうとして行動するかしますよね。

プラスの心とは、明るく、前向きに、積極的に、夢を持って、目標を持って、プラス思考で、愛と感謝の気持ちで、素直な心で、勇気を持って……というものです。マイナスの心は、暗く、後ろ向きに、人を恨んで、憎んで、傲慢で、偏屈で、マイナス思考で……というものです。

このプラスの心とマイナスの心について、

「どちらの心でいるといい人生を送れるでしょうか?」と聞くと、誰でも、頭ではプラスの方がいいと答えます。それは、わかりますよね。しかし、実際はどうでしょうか?

「わかっちゃいるけどできない。どうしても人を恨んじゃう。どうしても不安が出てきちゃう。わかっちゃいるんだけど……」となりませんか。

もし、知識で理解してすぐその通りにできるのなら、楽ですよね。しかし、頭で理解しただけでは、自分を上手くコントロールすることはできないものです。


例えば、今、この本を読んでいて「そうか、そうか」と心の中から何かあなたの思いがわき上がっていると思います。人によっては「そうかな?」「違うんじゃないか?」とか、いろいろと読む人によってわき上がってくる思いは違うと思います。同じ本を読んでいても、人によって受け止め方が全然違うんですね。

「バカヤロー!」と叱られて、「冗談じゃない!」って怒って帰る人もいれば、「いやあ、これだけ真剣に叱ってくれる人はそんなにいません。ありがとうございました!」と感謝する人もいます。同じことを言われても、人によって受け止め方が全部違うということです。

人間は過去の記憶でできている！

なぜ、人によって受け止め方が違うのか？

それは、過去の記憶が、人ぞれぞれ違うからなんです。

人間は記憶でできているんです。遺伝子は記憶そのものです。人間は遺伝子の記憶と、前世の記憶が折り重なって産まれてくるといわれています。そして、産まれた後は、親、兄弟、学校の先生、会社の上司、そんな人たちの影響をすべて受けて育っていきます。その記憶はすべて細胞レベルで覚えているのです。

その眠っている記憶は、人との縁によって蘇ります。例えばスポーツ選手などで、優秀な監督に出会うと才能が開花したりしますよね。先生や師匠、先輩など、そんな出会いによって記憶が蘇り、人は変化していくのです。

結婚でも、相手によって、ほとんど自分を出せないで終わっちゃう場合もあるし、逆に、ものすごく素晴らしくなる場合もあります。

いろいろな人と触れ合うことによって、自分の中にあるものが引き出されていくのです。

つらかったこと、悲しかったこと、嬉しかったこと、感謝したこと、騙されたこと……そういった記憶が、外からの刺激によって自分の中から蘇ってきます。

それは最近の記憶なのか、子どものころの記憶なのか、もっと前の遺伝子の記憶なのか、あるいは、前世の記憶なのか、どの記憶なのかはわからないけれど、とにかく過去の記憶が蘇ってきます。

その記憶のことを、業とかカルマと言います。

とにかく、その業やカルマを何とかしなければいけません。これを何とかしないと、どうしてもマイナス的な心がわいてきてしまうからです（業やカルマがすべてマイナスとは限りませんが）。いつまで経ってもマイナスな思いが出てきて、どうしてもプラスの心になりきれないのです。

宗教の本来の仕事は、この業を大掃除することなんです。しかし、実際にはできていませんよね。

いくらいい教えを聞いて、それを頭にインプットしても、業はびくともしません。いい教えをどんなに聞いて学んでも、過去の記憶は絶対に消えないからです。

例えば、子どものころ、親から差別されたり虐待されたと思っていたら、いくら「親孝行しなさい」「親には感謝の気持ちを持ちなさい」と教えられても、その虐待された記憶は消えないばかりか、教えられれば教えられるほど、親に感謝できない自分に苦しくなってしまったりします。それが自己嫌悪になり、やがては自己処罰をするようになってしまうのです。いい教えを学べば学ぶほど、生きること、やることなすことが苦しくなってしまうんですよ。

光を照らせば闇は消える

では、どうすればいいのか?

それには、その業のさらに奥にある「真我」「本当の自分」に目覚めればいいということを私は伝えているのです。

自分の中にある真我は、内なる宇宙の心、神の心、仏の心です。いわば光そのもの、愛そのものの自分と言ってもいいです。誰しもが必ず心の奥底に持っている神の心であり、実相という言い方もできます。その光の心を引き出すのです。

わかりやすくたとえるなら、**頭で考えるプラスとかマイナスは蓋です。業はその蓋の下にあるゴミです。真我は、そのゴミのさらに下にある黄金です。**

まず、この蓋を取って、ゴミを出して、トントントントン……と下に向かって深く深く掘っていくと、石油を掘り当てたように、やがてはトン、バー！っと、**黄金が吹き出します。**

真我開発講座では、これを**二日間で行う**のです。

業は闇みたいなもので、真我は光ですから、光で業という闇が瞬時に消えて明るくなっていきます。すると、全身が、愛と感謝と喜びで満ち溢れてきます。本当の感謝です。頭で学ぶ感謝は偽物の感謝です。頭で学ぶ愛は、イミテーションの愛です。本当の愛や感謝は、自分の中からわきあがってくる、本当の癒しは自分の中から出てくるものなのです。

そして、真我をどんどん開いていくと、全体と個が融合していきます。

それぞれがバラバラだと、それは分離です。それが完全に融合していきます。完全に大調和されている姿です。自分と自分の周りにいる人たちとが融合されていく、自分と日本が融合されていく、自分と世界が融合されていく、自分と地球が融合されていきます。そして、自分と宇宙が融合していきます。

そういう感覚になっていくのです。

しかし、それを頭で理解しようとしても無理なんです。頭でいくら考えても、そういう気持ちになることは永遠に不可能なんです。

真我に目覚めれば、それを体感できるんです。なぜなら、真我は心の中にある内なる宇宙だからです。真我に目覚めるとは、もともとある宇宙と一体となることなんです。頭で考えてもそれは無理ですよね。

風船でたとえると、風船をプウーッと膨らましたとき、風船のゴムの外の空気と風船の中に入っている空気とは分離しています。風船のゴムは頭や業だとします。そして、風船をパーンと割ったら、風船の外の全体の空気と風船の中の空気が一瞬に融合するでしょ。

あなたの中にある真我をパーン！　と開いたら、真我は宇宙ですから、**一瞬の内に自分と宇宙が融合する、完全に一つになれる世界がある**んですよ。

これが本当の宗教なんです。「宗教」という漢字を紐解くと「宇宙を示す教え」と書きますよね。まさにそれです。決して巷で増えている新興宗教団体のようなものを言うものではないんです。あれは、人間が作ったものですから。

釈迦が一番やりたかったことはこれだと私は思います。**自分の中にある本当の自分に目覚めること**です。

もともとあった宗教も、本当の自分に目覚めさせようというのが本来の目的です。座禅や瞑想は、頭で考えることを外して、どんどん真我に近づいていくための手法の一つです。「南無阿弥陀仏」「南無妙法蓮華教」と唱えることも、真我に近づくためのものです。

ところが、「南無阿弥陀仏」「南無妙法蓮華教」のどちらが正しいかと喧嘩したりするでしょ。本当にあれはナンセンスです。実は同じ意味なんですから。

「南無阿弥陀仏」は、即身成仏という「この身このままで仏であることを悟る」という意味です。本当の自分に目覚めたら「このままであなたは仏なんですよ」という、それが解脱であり、究極の悟りなんですよという意味ですよね。「南無妙法蓮華経」は、泥沼の中に蓮の花が咲くということを意味して、泥沼という人間社会、そして蓮の花は真我のことです。つまり、「南無阿弥陀仏」も「南無妙法蓮華経」も「真我に目覚めなさい」と同じことを言っているんです。

真我に目覚めたときに、宇宙と一つになります。あの空海も、「宇宙即我」と言っています。自分は宇宙そのものだということに目覚めることが人生の目的であるという意味です。

しかし、いつの間にか私たちは、表の世界、自分の外の世界に幸せがあると思い込んで、外に向かって幸せを探して、あくせくと走り回ってしまっています。だから、奪い合うことになってしまうのです。

そうではなく、自分の中にすべてがあるのです。

幸せは外ではなく、自分の中にある

本当の喜び、本当の幸せは外にはありません。あなたの内にあるものなんです。喜びは外にあるように見えるけれど、それはきっかけになるだけで、喜ぶのはあくまでも自分の心だからです。

どんなに美味しいものを食べても、味覚がなければ美味しいとは思えません。味覚があって初めて、美味しいと感じます。どんなに綺麗な絵を見ても、見る目がなければ、ただの落書きになってしまいます。どんなに素晴らしい音楽を聴いても、聴く耳がなければ、ただの雑音にしかなりません。

ということは、自分の中に、綺麗だとか素晴らしいと思える心があるかどうかの問題なのです。もし、落ち込んでいるときに素晴らしい絵を見ても、全くいい絵に見えないかも知れません。楽しい旅行に行っても楽しくなくなるでしょう。

自分の中に、喜んだり感動したり、幸せを感じたりするすべてのもとになる心があるということです。

そのすべての心の中でも一番最高のものが、真我である仏の心、神の心、宇宙の心なんです。

私のところに来ると、みなさん、たったの二日間で目覚めていって、どんどん見違えるように変わっていきます。奇跡としか思えないようなことがどんどん起きてきます。

宗教を何十年もやっていた人が「この二日には、とてもかなわない！」と言って驚いて帰っていきます。なぜかというと、宗教は教えを教えているだけだからです。一番浅いところしかやっていないからです。

第11章

宇宙の法則で生きる

精神世界のリーダーがすべての世界のリーダー

世の中には、政界のリーダーや経済界のリーダー、医療界のリーダーというように各界のリーダーがいます。しかし本当は、精神世界のリーダーが一番先頭を引っ張って行かないといけないんです。

なぜかと言うと、心がすべての問題を解決できるもとになるからです。心のことがわかれば、あらゆることが見えてきます。人はすべて心を持っていて、心で思ったことしかできないからです。

政治家も、心のことがわかれば、経済を発展させることはいとも簡単にできるでしょう。同じように医者も、診察の仕方が根本から変わるでしょう。学校の先生も、知識偏重の教育を見直すことでしょう。

宇宙の法則があります。

この宇宙の法則を、アンテナの高い釈迦やキリストのような人たちがキャッチして、それを言語化したものが仏典であり、聖書なんです。

一般の人には、「宇宙の法則で生きなさい」なんて言ってもわからないから、わかりやすい言葉にしたわけです。

宇宙の法則を言語にしたものは、宇宙の法則を「愛」として表現したりしています。愛とは、あなたと私は一つ、日本は一つ、世界は一つ、地球は一つ、宇宙は一つ、神も一つということです。愛という言葉は、人に一番伝わりやすいから、このように言語化し表現されているわけです。

アンテナ感度の高い人が、宇宙の法則を言葉にして、人を導いて行くわけです。これが一番伝わりやすいですし、間違いも少ないはずです。

ただし、釈迦やキリストは、宇宙の法則をキャッチし、それを弟子たちに伝えていきました。そして、その弟子たちがまた自分の弟子たちに伝えていきました。そのように人から人に伝えられていくうちに、どんどんバラバラになってしまったのです。

特に一部の宗教団体などは、信者を信用させて「自分のところは絶対だ」と思わせる部分があります。「絶対」と思っている人同士が出会うと必ず喧嘩になりますね。その瞬間、宗教から離れることになってしまいます。観念で学んだことを「絶対だ」と教われば教わるほど、他を認めなくなります。それが現実です。

何かの宗教を一生懸命学んできた人は、なかなか人の話を聞こうとしませんよね。教わったことからしか考えられなくなってしまうのです。ひどくなると、そこから出た言葉しか話せなくなります。それを洗脳と言うのです。

洗脳は、ある一定の教えで頭の中をいっぱいにしてしまうことです。すると、そこからでしか物事を考えられなくなってしまうわけです。強烈な思い込みです。

私が行っていること、「真我開発講座」は、その全く反対なんですね。

私は一人一人に「本当の自分」に目覚めさせることをやっています。**各人がそれぞれ本当の自分に目覚めれば、一人一人の顔が違うように、それぞれの個性がよりはっきりと出てくるんです。そのことこそが調和だと私はとらえているんです。**

みんなを同じ考え方にすることは調和ではありません。それぞれがみんな違うからこそバランスが保たれ調和するのであって、同じ考えにして個性がなくなってしまったら、その方がいびつですよ。

本当の自分に目覚めていったら、一人一人がより自分らしくなっていくんです。

宗教に限らず、私たちには、哲学、思想、観念、道徳、そして、親の教えや学校教育など、いろいろな教えがインプットされています。しかし、一番の大元は、宇宙の絶対法則なんです。

私たちは、その宇宙の絶対法則というものを学ばなければいけないのです。

宗教を一生懸命知識だけ学ぶと、子どもが……

これまで、いろいろな人を見てきてわかったのですが、親が宗教を一生懸命学んでいると、その子どもは、観念やある一つの考えで固まってしまうことが多いようなのです。宗教に限らず、道徳や倫理を学んでいる人もそうです。第7章でも述べましたが、それはなぜかというと、親が教わった通りの型に子どもをはめようとするからです。理想の型に育てようとするんですね。

しかし、生命というものは、自然に伸びようとする働きがあります。種は、土と水と太陽にさえ恵まれれば、自然と育ってきれいな花を咲かせます。親が子どもに対して「こうなって欲しい」「ああなって欲しい」と自分の思いで縛りつけてしまう、あまりにも理想論で縛りつけてしまうと、子どもは自然に伸びることができず、苦しんでしまうのです。

親が理想論で縛ってしまうから、自然に伸びようとしても伸びない子どもは、親に反発して家を飛び出して行ってしまう、それが不良です。親に反発もできず、塞ぎ込んでしまうのが引きこもりやうつ病なんです。

そうではなく、自然と伸びようとする働き、生命の働きに沿ってあげないといけません。宗教を学ぶことは悪くないのですが、本当のことがわからなければ、逆効果になってしまう場合が多いのです。中東などの戦争もほとんどが宗教が原因じゃないでしょうか。

本来、宗教は平和のため、幸せのためにあるはずなのに、平気で多くの人を殺し、苦しめている現実があります。それは、**本当の宗教ではなくて、人間がつくった正義になっているから**です。

キリスト教では、「人間は罪の子だ」と言います。一方では「人間は神の子だ」とも言います。一体、「罪の子」なのか「神の子」なのか、どちらなんでしょう?

それは、頭で考えている自分や、過去の記憶、業の自分を自分と思っていると「罪の子」ですよ、ということなんです。内なる神を信じ、内なる神を認めたら「神の子」なんです。

聖書も仏典も一つのマニュアルに過ぎない

「聖書にすべてが書かれてあるから、聖書を読みなさい」と言う人がいます。

そして、そういう人たちは、すべての答えを聖書に求め、「聖書のどこどこに、これこれこう書いてある」という話をします。

私は、聖書やキリスト教を批判する気は一切ありませんが、「聖書にはこう書いてある」と言うのは、ファストフード店やフランチャイズチェーン店の店員が、マニュアルを見て仕事をするのと同じだと思います。

本当の聖書や仏典は「真我」のことを言うのです。実は、自分の中に聖書も仏典ももともとあるんです。あの聖書は、紙に書いたマニュアルに過ぎません。生命こそが本物です。それなのに、いちいち「ちょっと待ってて」と言って聖書を開きながら、判断したり行動したりするんですか？　どこか変だと思いませんか。

私は何も見ないで答えがすぐに出てきます。それは、答えは自分の中に全部あるからです。ただ自分の中から引き出すだけでいいんです。手元に聖書はいりません。目の前に悩んでいる人が現れたとき、聖書を読んで、その人を助けてあげることが本当にできますか？

自分の中の完璧なマニュアルを引き出そう

人生という道を歩んでいく上で、この先一瞬一瞬、何が起きるかわかりませんよね。ですから、**何が起こっても、何も見ないでパッパッと判断できるようにならないといけませんよ。**

それに、「聖書を見なければダメだ」と言う人は、他の宗教を信じている人と対立をしなければなりませんよ。

「聖書にはこう書いてある」「仏典にはこう書いてある」「コーランにはこう書いてある」……。そんな発想はやめたほうがいいですよね。

そうではなくて、**自分の中に全部の答えがある**んです。この六十兆の細胞を精巧に動かしている完璧な心が、私たちの中にはちゃんとあるんです。心臓を休まず動かし、毛細血管の隅々にまで血液を送り続けている宇宙の心が私たちの中にはあるんです。

実は、聖書も仏典も、真我から出てきた言葉をほんのわずか書いているだけに過ぎません。しかも、大昔の人が書いたものだから、現在起きていることに、即座には対応できていません。実生活を送っていたら、私たちの目の前の状況は常に変わり続けていますから、その状況に応じて対応できるようにならないといけないんです。聖書や仏典をいくら勉強していても、それには限界があるのです。

聖書や仏典を一生懸命勉強して「これがすべてだ」と思い込んでいる人は、（こうあるべきだ）ということをたくさん学びますから、どうしても型にこだわってしまいます。

だから、人に対しても「ご飯は有り難く食べなさい」「親にはもっと感謝しなさい」というように言うのです。

有り難く食べるのでなく、**食べているうちに有り難くなればいいんです。**

もし、有り難いと思えなければ、しばらく食事を抜けばいいんです。そうしたら、どんなにまずいご飯が出てきても、本当に心から有り難く思えます。無理に「有り難く思いなさい」と言われて、そう思える人なんていないでしょう。誰か一人でも、心から（有り難い）と思わせられますか？　できるわけありません。

聖書や仏典ばかりにこだわっていると、本当の真実が見えなくなります。妻のことも子どものことも、自分のことさえも見えなくなる可能性があります。それは、聖書や仏典で教えていることを基準に、物事を見ようとする習慣ができてしまっているからです。それが進むと聖書や仏典に洗脳されることにつながりますよ。そうなると、生身の人間ではなくて、機械やロボットみたいになってしまいます。

本来は、キリストも釈迦も真我のことを教えたかったんです。「人間は神の子」というのは、まさに真我のことです。犬の子は犬、猫の子は猫、神の子は神なんです。だから、私たちは神そのものなんです。

そのことを自覚することこそが、最も大事なことなんです。

もっと自由に、もっと軽やかに――あとがきとして

真我に目覚めるとは、精神世界や宗教など、あらゆるものを求めてきた人の「『双六』で言う上がり」なのです。と同時に、新たな生まれ変わりでもあるのです。

「自分らしく生きる」とよく言います。

でも、「自分らしく生きる」とは、はたしてどういうことでしょうか?

「自分らしく」と言うからには、「本当の自分」のことをわからなければ、本当に自分らしく生きることはできませんよね。

「あなたの思っている自分」と「本当の自分」とは、ほとんどの場合が違います。

「あなたの思っている自分」は、悩みやトラウマを抱えて悪戦苦闘しているかもしれませんし、何をやっても思い通りにいかず、自信喪失気味になっているかもしれません。

その「あなたの思っている自分」は「本当の自分」ではないんです。
あなたの「本当の自分（真我）」は、実は何も悩んではいないし、何も苦しんではいないんですよ
あなたの「本当の自分」は、愛と喜びに満ち溢れ、人を思いやり、人を勇気づけることのできる光の存在なんです。そんな輝ける存在が、紛れもない本当のあなた自身、あなたの姿なのです。

真我を自覚することができれば、あなたは今の何十倍も、何百倍も愛に溢れた楽しい人生を送ることができるようになります。そして、川の流れに乗るようにすべての物事がスムーズに運ぶようになります。本当の幸せ、本当の喜びは、もうあなたの手に届くところにまで来ているのです。

本書を手にされたのを機会に、あなたが今まで気づかずに身につけていた重い鎧

を脱ぎ捨て、天使のように軽やかに、楽しく生き生きとした人生を送られるようになることを切に願っています。

佐藤康行

※本書は二〇〇二年五月にハギジン出版より刊行された
『あなたの悩みは一瞬で消せる』を一部修正・編集したものです。

佐藤 康行（さとう やすゆき）

1951年北海道美唄市生まれ。心の学校グループ創立者。

15歳で単身上京し、夜間高校に通いながら大企業の社員食堂で皿洗いに就く。飲食店経営者になる夢を持ち、極端に内気な性格を直してその夢を叶えるためフルコッミションの営業マンへ転身。二十代前半で宝飾品、教育教材のセールスで日本一、世界一の営業実績を上げ、貯めた資金でステーキレストランを開業。その後全国70店舗のチェーン展開をするも、心のどん底に落ち込み、死の一歩手前をさまようなか「自分は何のために生まれ、生きるのか」の境地を悟り、どん底からの生還体験によって『本当の自分＝真我』を引き出す「真我開発講座」を編み出す。その講座を自社の研修に取り入れ、目覚ましく変化する参加者を目の当たりにして確信を深め、真我開発に人生を賭けるべくレストランチェーン経営の一切を手放し、佐藤義塾（現：心の学校グループ　アイジーエー株式会社）を設立。以来三十年にわたり「本当の自分＝真我」に目覚めることを伝え続け、同時に家庭、職場、夫婦男女等の人間関係、うつ、引きこもり、借金などのお金問題、ビジネス、経営等の各種研修講座を主催し、これまで十一万人以上の人生を劇的に好転させている実証例を持っている。

『ダイヤモンド・セルフ』『「本当の自分」があなたを救う』など著書は70冊超。

【心の学校・アイジーエー】
http://www.shinga.com

あなたの悩みは一瞬で消せる

2014年8月30日　新装版第1刷発行

著　者　佐藤康行
発行者　株式会社アイジーエー出版
〒103-0027　東京都中央区日本橋3-4-15 八重洲通ビル6F
電 話 03-5204-2341
FAX 03-5204-2342
ホームページ http://www.igajapan.co.jp/
E メール info@igajapan.co.jp
印刷所　シナノ印刷株式会社

ISBN978-4-903546-20-9 C0030

たった2日であなたを神に目覚めさせてみせる

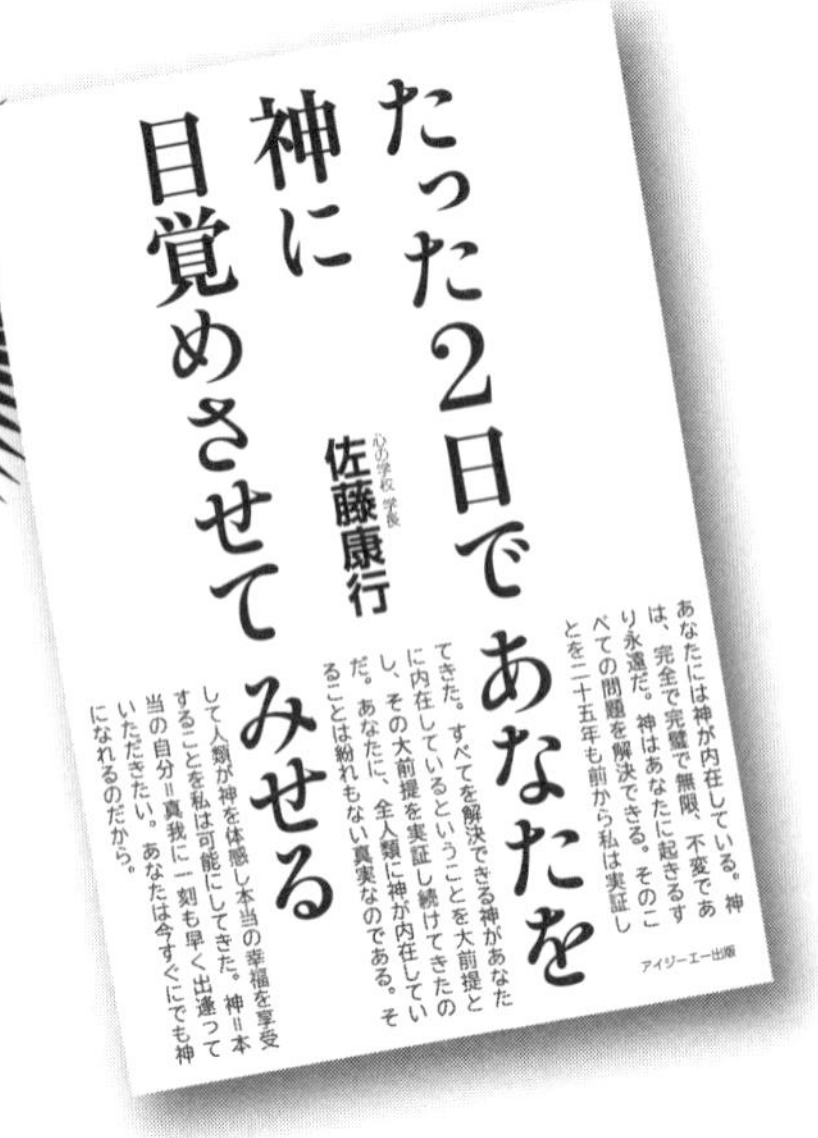
たった2日であなたを神に目覚めさせてみせる
心の学校 学長
佐藤康行
あなたには神が内在している。神は、完全で完璧で無限、不変であり永遠だ。神はあなたに起きるすべての問題を解決できる。そのことを二十五年も前から私は実証してきた。すべてを解決できる神があなたに内在しているということを大前提とし、その大前提を実証し続けてきたのだ。あなたに、全人類に神が内在していることは紛れもない真実なのである。そして人類が神を体感し本当の幸福を享受することを私は可能にしてきた。神＝本当の自分＝真我に一刻も早く出逢っていただきたい。あなたは今すぐにでも神になれるのだから。
アイジーエー出版

伝説の神書
復刊

佐藤康行 著
ハードカバー／272P
定価：本体1500円＋税

今世紀初頭に刊行された本書は、それまで十数年にわたり「真我開発講座」を主宰し数万人を救ってきた佐藤康行が、当時自身として初めて「真我」という究極のテーマに焦点を絞り綴ったもの。全人類に内在する神性＝真我に目覚めることの重要性と、真我に目覚めた方々の実証例を紹介し大反響を呼んだ。堂々の復刊。